每一卷所提及的主要時代①	第一卷	第二卷	第三卷	第四卷	第五卷	第六卷
	史前時代～約西元前 400 年	約西元前 300 年～5 世紀	約西元前 1200 年～10 世紀	4 世紀～16 世紀	10 世紀～15 世紀	13 世紀～18 世紀

第4卷提供協助的諸先進

監修
早稻田大學文學學術院 教授
早稻田大學埃及學研究所 所長
近藤二郎

漫畫
鳴海 涼

原作
南房秀久

裝訂、內文設計
修水

解說插畫
Plough21

提供照片、資料及協助（全系列）
山田智基・PPS通信社／amanaimages／時事通信社／時事通信PHOTO／每日新聞社／AFP／EPA／Bridgeman Images／C.P.C.Photo／學研資料課

主要參考資料等
世界歷史（中央公論新社）／圖像版 世界歷史（白揚社）／圖說 世界歷史（創元社）／詳說 世界史研究／世界史用語集／世界史人名辭典／詳說 世界史圖錄（以上為山川出版社）／PUTZGER歷史地圖（帝國書院）／角川世界史辭典（角川書店）／世界史年表・地圖（吉川弘文館）／武器甲冑圖鑑（新紀元社）／開創世界的人們 6 卡爾大帝（平凡社）／THE UNIFORM OF THE ROMAN WORLD（LORENZ BOOKS）／The Armies of Islam 7th-11th Centuries／Armies of the Muslim Conquest／German Medieval Armies 1000-1300（以上為OSPREY PUBLISHING） 其他不及備載

編輯協助
銀杏社

解說編輯協助及設計
Plough21／入澤宣幸

校閱・校正
聚珍社／秋下幸惠

編輯人員（學研PLUS）
小泉隆義／高橋敏廣／渡邊雅典／牧野嘉文

:: 監修
早稻田大學文學學術院 教授
早稻田大學埃及學研究所 所長
近藤二郎

:: 漫畫
鳴海 涼

:: 原作
南房秀久

:: 翻譯
許郁文

:: 審訂
成功大學歷史學系 專任教授
翁嘉聲

NEW

全彩漫畫

世界歷史

World History

4

伊斯蘭世界與歐洲世界的建立

全彩漫畫

NEW 世界 World History 歷史 4 伊斯蘭世界與歐洲世界的建立

目次

本書注意事項

1. 「時代總結」中的各符號代表意義：→世界遺產、→重要詞句、→重要人物、→美術品、遺跡。
2. 「時代總結」中的重要詞句以粗體字標示，附解說的重要詞句以藍色粗體字標示。
3. 同一語詞若出現在兩處以上，將依需要標注參考頁碼。
4. 年代皆為西元年。西元前有時僅標記為「前」。11世紀以後的年代除了第一次出現外，有時會以末尾兩位數標示。

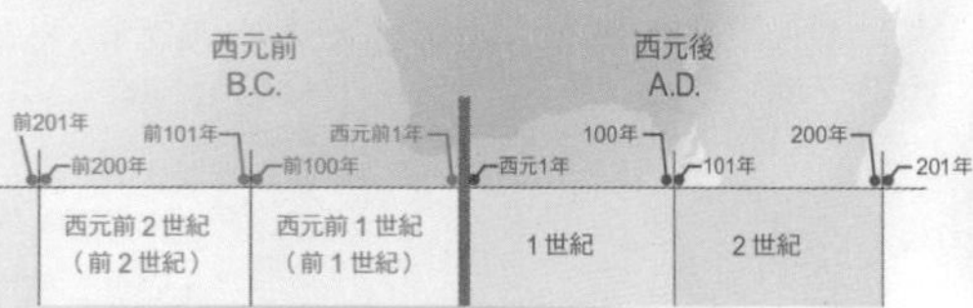

5. 人物除了生卒年之外，若是王、皇帝或總統，會標記在位（在任）期間，標記方式為「在位或在任期間○○～○○」。
6. 國家或地區名稱略語整理如下：

英：英國／法：法國／德：德國／義：義大利／西：西班牙／奧：奧地利／荷：荷蘭
普：普魯士／俄：俄羅斯／蘇：蘇聯／美：美利堅合眾國／加：加拿大／土：土耳其
澳：澳洲／印：印度／中：中國／韓：韓國（大韓民國）／朝：朝鮮／日：日本／歐：歐洲

給家長的話

本書中的漫畫部分雖盡量忠於史實，但有些對話、服裝與背景已無佐證資料，因此在編劇與描繪上以吸引孩子的興趣為主要考量。漫畫中提及的典故、年號或名稱經常有不同說法，本書盡可能採用一般人較熟悉的說法。若有艱澀難懂的詞句，會在欄外加入解說。值得注意的是，有些詞句或表現方式在現代人眼中帶有歧視意味，但為了正確傳達當時社會狀況，將依情況需要予以保留。

1 先知穆罕默德與伊斯蘭帝國

西元7世紀初期，
發源於阿拉伯半島，
連接西亞與印度的通商都市
麥加的伊斯蘭急速擴大，
最終形成強大的伊斯蘭帝國。

原本為商人的先知穆罕默德，曾於希拉山*3的洞窟靜思，

約西元610年，遇見了天使加百列*4。

啟典是記錄唯一真神啟示的經書，指的是《古蘭經》、《舊約》中的摩西五經和詩篇，以及《新約》中的福音書。在伊斯蘭的統治下，以啟典堅持信仰的猶太教徒、基督教徒只要上繳稅金，就能擁有自由的信仰。

*4 加百列：出現在《舊約・但以理書》、《新約・路加福音》中的天使，基督教稱為加百列。

*1 先知穆罕默德（約西元570～632年）：為表達對先知的敬意，伊斯蘭信徒會在先知的名字後加上「PBUH」（Peace be upon him，意思是祝祂平安）。所謂先知（預言者），就是得到天啟，並將啟示告知眾人，讓眾人警惕的人。 *2 阿拉：伊斯蘭的唯一真神。 *3 希拉山：聳立於沙烏地阿拉伯麥加郊外東北5公里處的岩山。

先知穆罕默德下山後，開始在麥加*1布道，這就是伊斯蘭*2的起源。
但是，先知穆罕默德的教義並沒有立刻被大眾接納。

最初的信徒只有妻子、朋友和奴隸。

連先知穆罕默德的族人古萊氏族，也視其為敵人。

對以多神教信徒為對象的商人們來說，「相信唯一真神阿拉」，

是最不受歡迎的教義，尤其是從到天房*3禮拜的人中賺取財富的古萊氏族。

先知穆罕默德因此遭受迫害，
西元622年，被迫離開麥加遷往麥地那*4，這就是所謂的「聖遷」。

*1 麥加：現今沙烏地阿拉伯麥加省的省會。

*2 伊斯蘭：指信仰唯一真神阿拉，信奉最後一位先知穆罕默德宣揚的《古蘭經》教義，屬於一神教。

*3 天房：或譯卡巴天房、克爾白，位於麥加禁寺中的伊斯蘭聖殿。在成為伊斯蘭信仰中心之前，供奉著阿拉伯的各種神祇。

*4 麥地那：現今沙烏地阿拉伯麥地那省的省會。

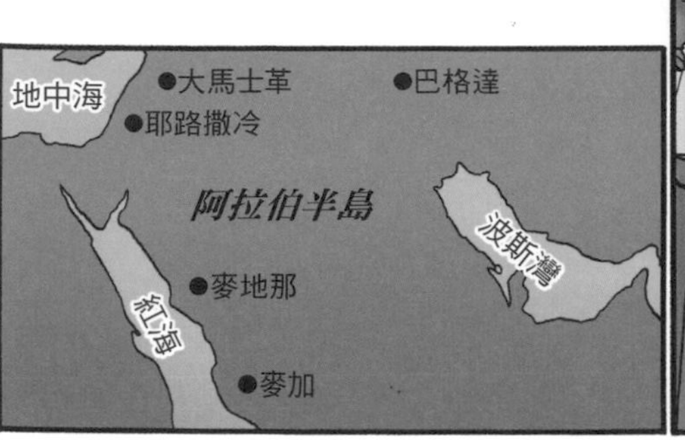
地中海
●大馬士革
●巴格達
●耶路撒冷
阿拉伯半島
波斯灣
●麥地那
紅海
●麥加

麥地那
先知穆罕默德在這裡建立了一個政教合一的穆斯林[*5]社群（烏瑪）。

因信徒增加得到力量的先知穆罕默德軍，和麥加的軍隊發生激烈衝突，
擊潰麥加軍隊後，西元630年將麥加納入掌握中。

兩年後，
先知穆罕默德辭世，烏瑪就由第三位妻子阿伊莎[*6]的父親阿布・伯克爾[*7]繼承哈里發[*8]的地位。

阿布・伯克爾（第一代哈里發）

阿伊莎（第三位妻子）＝先知穆罕默德＝赫蒂徹（第一位妻子）

法蒂瑪（女兒）＝阿里（第四代哈里發）

由烏瑪決定哈里發的制度，在第四代哈里發阿里[*9]的時代之前正常運作著，

這期間伊斯蘭的烏瑪越來越壯大。

穆阿維亞
直到阿里時代擔任敘利亞[*10]總督的穆阿維亞[*11]起兵叛亂。

*5 穆斯林：指伊斯蘭信徒。 *6 阿伊莎：（約西元614～678年）。 *7 阿布・伯克爾：第一代正統哈里發（在位期間西元632～634年）。 *8 哈里發：指代理人、繼承者，為阿拉伯語的音譯。先知穆罕默德死後，阿布・伯克爾成為領導人時使用的稱號，之後代表伊斯蘭全民的領袖。

*9 阿里：第四代正統哈里發（在位期間西元656～661年）。既是先知穆罕默德的堂弟，也是女婿。 *10 敘利亞：當時並非國名，而是指周邊的黎巴嫩和巴勒斯坦地區。 *11 穆阿維亞：出身於伍麥葉家族，是伍麥葉王朝第一代的哈里發（在位期間西元661～680年）。

*1 隋芬：幼發拉底河上流一帶的地名。

*2 《古蘭經》：記載真神阿拉傳給先知穆罕默德啟示的伊斯蘭聖典。

唰
敵軍高舉《古蘭經》衝過來了！
是《古蘭經》！
哈里發大人，士兵們開始動搖了！
……我們不能對《古蘭經》放箭。
這次撤退使阿里永遠失去勝利的機會。

在之後的混亂中，阿里遭到暗殺。

西元661年，伍麥葉家族*1的穆阿維亞成為哈里發，創立了伍麥葉王朝*2。

伍麥葉王朝無視烏瑪的制度，將哈里發之位改由伍麥葉家族世襲。

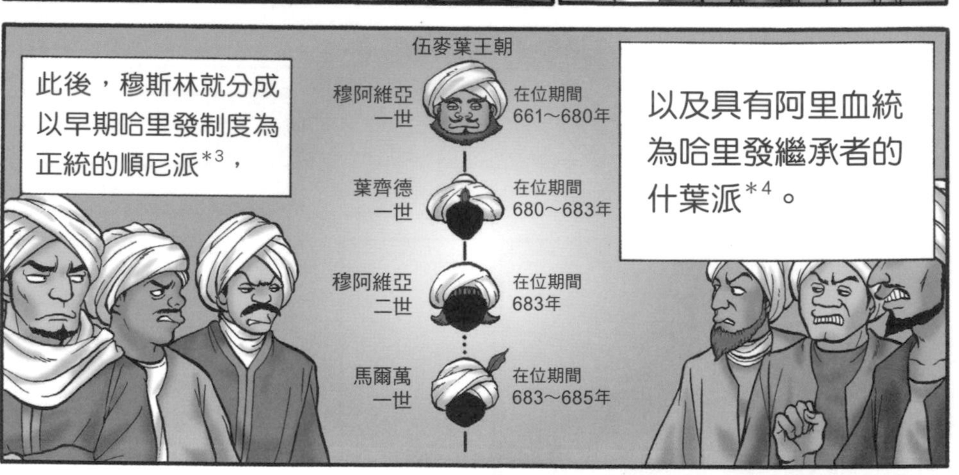
此後，穆斯林就分成以早期哈里發制度為正統的順尼派*3，
伍麥葉王朝
穆阿維亞一世
在位期間661～680年
葉齊德一世
在位期間680～683年
穆阿維亞二世
在位期間683年
馬爾萬一世
在位期間683～685年
以及具有阿里血統為哈里發繼承者的什葉派*4。

伍麥葉王朝將首都遷至敘利亞的大馬士革，
不僅興建了富麗堂皇的伍麥葉大清真寺*5，

*1 伍麥葉家族：與先知穆罕默德同一個祖先的古萊氏世族。 *2 伍麥葉王朝：第一個世襲的穆斯林王朝，首都位於大馬士革。

*3 順尼派：遵循先知穆罕默德傳統與社群者，是伊斯蘭兩大教派之一，也是最大的一股勢力。

*4 什葉派：阿里的黨派或支持者，與順尼派同為伊斯蘭兩大教派。

*5 清真寺：伊斯蘭信徒禮拜的場所。

還將阿拉伯語訂為官方語言，並模仿薩珊波斯帝國[*6]和拜占庭帝國[*7]發行貨幣。

小知識

阿拉伯文是由右書寫至左的文字，目前普及程度僅次於羅馬文字（拉丁字母）。

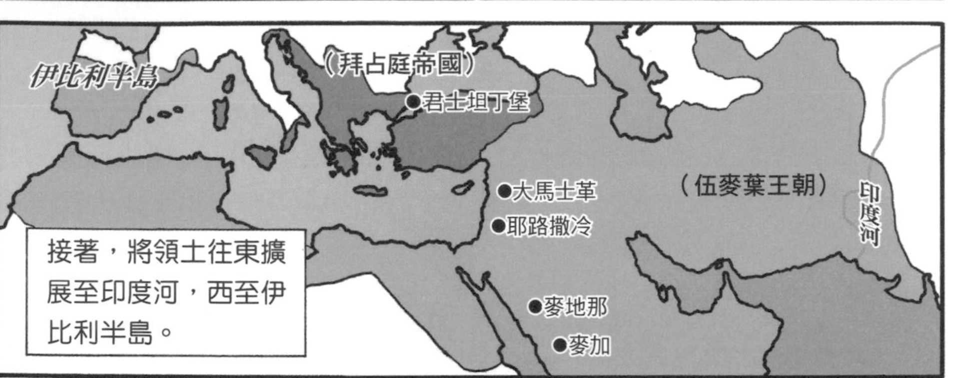

接著，將領土往東擴展至印度河，西至伊比利半島。

一開始，伍麥葉王朝的統治採懷柔政策，允許人們過著被征服前的生活，

並未強迫接受伊斯蘭教義。

可是隨著領土不斷地擴張，受征服地區的人民越來越不滿。

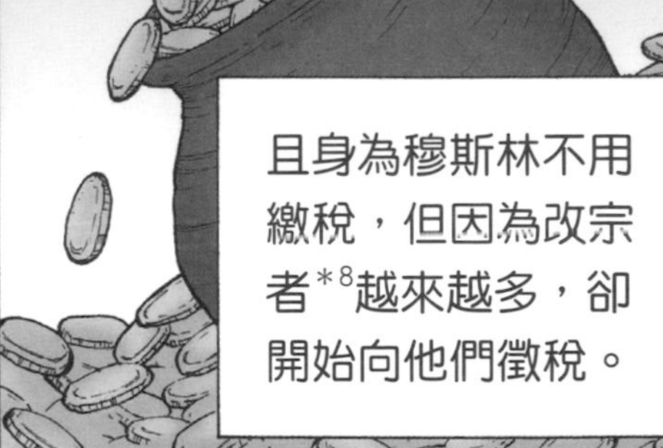

且身為穆斯林不用繳稅，但因為改宗者[*8]越來越多，卻開始向他們徵稅。

因為穆斯林無視於人人平等的伊斯蘭教法，只給予阿拉伯人享有特權；

在陸續爆發內亂之後，第十四代哈里發馬爾萬二世[*9]決定——

馬爾萬二世

*8 改宗者：非阿拉伯人，但改以伊斯蘭為信仰的信徒。

*9 馬爾萬二世：伍麥葉王朝的第十四代哈里發（在位期間西元744～750年）。

哈蘭
大馬士革
麥加
將首都從大馬士革遷到哈蘭，
但此舉連伍麥葉家族都反對。

此時，反對伍麥葉家族擔任哈里發的阿拔斯家族*1趁機崛起。
阿布・阿拔斯*2

阿拔斯家族的阿布・阿拔斯借什葉派之力擊潰伍麥葉家族，並在西元750年建立阿拔斯王朝*3。

庫法*4

曼蘇爾*5

*1 阿拔斯家族：先知穆罕默德的叔父一族。

*2 阿布・阿拔斯：阿拔斯王朝的第一代哈里發（在位期間西元750～754年）。

*3 阿拔斯王朝：西元750年由阿布・阿拔斯建立的伊斯蘭王朝。之後失去政治實權，西元1258年遭蒙古軍隊入侵而滅亡。

*4 庫法：幼發拉底河西岸的都市，阿拔斯王朝建國時的首都。

*5 曼蘇爾：阿拔斯王朝第二代哈里發（在位期間西元754～775年），是阿布・阿拔斯同父異母的兄長，確立了阿拔斯王朝的統治體系。

伍麥葉家的遺族似乎還隱藏在各地。

恐怕他們打算集結兵力，挑戰哈里發王位。

真是太遺憾了。
我們阿拔斯家族和伍麥葉家族不是同屬古萊氏族嗎？
到最後居然鬧得彼此鮮血白流。

他們是一群曲解先知穆罕默德教誨、中飽私囊的傢伙，不是嗎？

阿拉是慈悲為懷的神，我打算召開和解大會。

什麼？

通令全國，
讓所有伍麥葉家族的人都現身。

謹遵哈里發命令。

小知識

阿布・阿拔斯還有「薩法赫」這個名字，意思是「不惜一切之人」，因為他不惜一切地將財富賜給對建立阿拔斯王朝有貢獻的功臣；另一方面，這個名字也有「屠夫」之意，指他對伍麥葉家族採取強烈鎮壓的手段。

沒想到阿布・阿拔斯如此寬容。
如果懂得討好那傢伙，說不定又能像以前一樣生活。
而且繼那傢伙後，又會是我們這一族成為哈里發。

小知識

伊斯蘭將星期五訂為安息日（休息日），這一天禁止工作，信徒全部聚集在清真寺裡進行集體禮拜。

……

哼

伍麥葉家族的每
個人啊，餘興節
目到此為止！
唰
拔刀
殺光伍麥葉
家族！
殺光伍麥葉
家族！
殺光伍麥葉
家族！
哇啊

你、
你騙我們？

我要替我的子孫
鏟除禍根，這是
最後一次無謂的
流血了。

唰
唰
唰

把這些汙穢的
屍體收拾乾淨，
讓真正的宴會
重新開始吧。

噗
噗

阿拔斯王朝的時代就這樣開始了。

西元754年，成為第二代哈里發的曼蘇爾採用穆斯林平等政策，並重用阿拉伯人以外的民族，同時建立驛站制度*1。
曼蘇爾設都在巴格達，全盛時期是人口高達150萬人的大都市。
阿卜杜・拉赫曼一世*2是沒有參加血宴的少數伍麥葉家族之一，
伊比利半島
他從此遠避伊比利半島，並建立了後伍麥葉王朝*3。

小知識

阿卜杜・拉赫曼一世在伍麥葉王朝滅亡時，是位年僅二十歲的年輕人。躲開追兵的追擊後，遁逃到北非地區，之後攻入伊比利半島，於西元７５６年建立後伍麥葉王朝。

*1 驛站制度：在中央都市連往其他地方的道路上，於一定的間距設立人、馬常駐的設施，扮演運輸貨物與傳遞訊息的角色。 *2 阿卜杜・拉赫曼一世：後伍麥葉王朝的創始者（在位期間西元756～788年）。 *3 後伍麥葉王朝：西元756年於伊比利半島復興的伍麥葉王朝（～1031年）。

小知識

《一千零一夜》中的知名故事〈阿拉丁神燈〉，是一則講述住在中國的活潑少年阿拉丁藉著神燈與戒指力量飛黃騰達的故事。但這個故事原本沒有編入《一千零一夜》之內，直到西元18世紀被譯為法語後，才與其他阿拉伯民間故事彙集加入。

巴格達・黃金殿*1
卡祖蘭
曼蘇爾的兒子、第三代哈里發馬赫迪*2的妻子卡祖蘭，原本是名奴隸。

據說擁有美貌和機敏的她，是《一千零一夜》*3裡說故事的女性——
雪赫拉莎德的雛型。

卡祖蘭不愛自己的親生兒子哈迪*4，

將所有的愛都給了哈迪的弟弟哈倫・拉希德*5。

哈倫・拉希德

卡祖蘭一直與侍奉阿布・阿拔斯的波斯世族——

葉海亞・伊本・哈立德圖謀不軌。

*1 黃金殿：哈里發的宮殿。

*2 馬赫迪：阿拔斯王朝第三代哈里發（在位期間西元775～785年）。

*3《一千零一夜》：雪赫拉莎德王妃每天晚上為國王說的故事集。約西元8世紀從中古波斯語翻譯成阿拉伯語，包括〈阿里巴巴與四十大盜〉及其他知名故事。

*4 哈迪：阿拔斯王朝第四代哈里發（在位期間西元785～786年）。

*5 哈倫・拉希德：阿拔斯王朝第五代哈里發（在位期間西元786～809年），締造了阿拔斯王朝的黃金時代。

哈迪還沒坐熱哈里發的
王位就被毒殺，
隨後繼承哈里發王位的就
是弟弟哈倫・拉希德。

這位哈倫・拉希德便是常於
《一千零一夜》中登場，並
被後世譽為名君的人物。

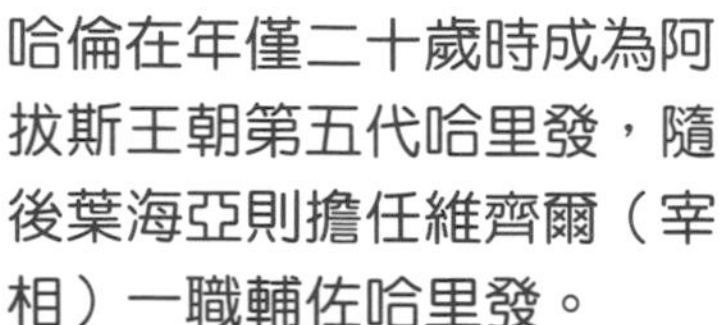
哈倫在年僅二十歲時成為阿
拔斯王朝第五代哈里發，隨
後葉海亞則擔任維齊爾（宰
相）一職輔佐哈里發。

葉海亞

葉海亞曾是
無可挑剔的
宰相，

但他的家族＊6卻做出利用權
勢中飽私囊的醜事。

＊6 指巴爾馬克家族。

小知識

阿拔斯王朝繼阿布・阿拔斯之後由兄長曼蘇爾擔任哈里發，且之後三十五代的哈里發都是曼蘇爾的子孫。

首都巴格達洋溢著自由開放的風氣，各種文化蓬勃發展。

瓦達夫*1是許多書店與露天書攤聚集的地區，
某天，哈倫與兩位隨從在街上散步。

話說，我被一種叫做洛克的龐然大鳥載著飛……

辛巴達，這種隨口胡謅的故事就省省吧，哈里發大人會笑你。
賈法爾*2
賈法爾是宰相葉海亞的二兒子，也是哈倫的好朋友。

哈 哈 哈 哈
這不是我編的故事啦！

*1 瓦達夫：從巴格達的巴斯拉門走出，橫渡薩拉特運河之後的地區。

*2 賈法爾（約西元766～803年）：宰相葉海亞的次男，據說能言善道，擅於寫作。

在海的另一端，
有很多你們沒看
過的怪物蟄伏喲！
船員辛巴達受宰相之命
橫渡七海，將各種珍稀
奇品送到哈里發面前。
他也是哈倫少數打從心
底交好的朋友之一。
辛巴達

真想見識一下這些
奇妙的生物。
算了，看你的
表情就知道你
不相信，我真
可悲啊！

這小鎮人太多了
吧，看來我比較適
合在海上待著。

我比較喜歡來鎮
上，海浪太單調，
魚又都長得一樣，
還是女性們顯
得萬種風情。
好帥
賈法爾是首都女
性們心中憧憬的
對象，
男性無不模仿他的
穿著打扮，試圖吸
引女性的注意力。

剛剛這句臺詞，
能不能在舍妹面
前再說一遍？
請不要開這
種壞心眼的
玩笑啦。
哈倫的妹妹阿巴薩是
賈法爾的妻子，兩人
彼此深深相愛。

話說我們為什
麼來這裡啊？
你們知道我對
書沒興趣吧？

小知識

一說認為辛巴達故事裡出現的巨鳥洛克，是以17世紀絕種的「象鳥」為雛型。這種棲息在印度洋馬達加斯加島上的巨型鳥類，身長高達3公尺，體重有450公斤，但似乎無法飛行。

巡視都城的每個角落，確認治安的好壞是哈里發的工作。

賈希茲
嗨，賈希茲[*1]，你又在讀書啊？
沒想到哈里發大人和賈法爾大人，還有辛巴達都在！

這座都城有很多形形色色的人往來，讓我學到很多。
我們在這裡一會兒了。

從希臘人身上可以學到哲學，阿拉伯人口中可以聽到詩詞，波斯人身上可以學到政治，印度人身上可以學到天文學和數學，中國人還教我造紙的技術。

西元751年，阿拔斯王朝在怛羅斯河畔[*2]擊敗唐朝[*3]，抓到不少戰俘，

*1 賈希茲（西元775／776／777～868／869年）：文學家、思想家。阿拉伯文學史上的大作家。在神學、社會、自然及各種範疇的學識上都有很深的造詣。著有《吝人傳》、《動物書》等。

*2 怛羅斯河畔：位於現今吉爾吉斯共和國西北部。

*3 唐朝（西元618～907年）：由唐高祖李淵推翻隋朝之後建立的中國王朝。

穆斯林從其中的技師身上學到造紙的方法。

炸拉比
巴拉瓦
是啊，如果沒有砂糖，就沒辦法做你最喜歡吃的炸拉比*5和巴拉瓦*6。

從阿瓦士*4可以取得砂糖。

我深深地覺得自己就在文化的核心中。
賈希茲日後成為偉大的學者，留下許多經典的阿拉伯文學。

這都是拜陛下之賜吧？
是的，真的是這樣！非常感謝陛下！

不，這一切不是我做的，都是宰相的功勞。

父親只是為陛下盡心盡力工作而已。
救命啊！

小知識

據說作為砂糖原料的甘蔗源自新幾內亞，約西元前3世紀傳入中國；西元7世紀後，伊朗與伊拉克才開始種植。砂糖約在西元7世紀傳入日本，一開始被當成藥物使用。

*4 阿瓦士：現今伊朗西南方的都市。 *5 炸拉比：類似炸甜甜圈的甜點。
*6 巴拉瓦：千層果仁蜜餅，在麵糰放上核果、肉桂或砂糖的甜點。

來了來了！是強盜還是土匪？
哈里發大人、賈法爾！手腳不快一點，功勞就被我一個人獨占嘍！
別說大話！壞蛋就由寡人來逮捕！
大家別輕舉妄動啊！
年輕的哈里發、近臣和船員……沒有人想得到他們的友情有天會出現裂縫。

*1 巴爾馬克家族：阿拔斯王朝成立以來，高官輩出的波斯裔貴族。
*2 法德勒：宰相葉海亞的長子。

小知識

巴爾馬克家族原本是住在伊朗的佛教徒。葉海亞的父親哈立德移居到伊拉克，成為伊斯蘭的改宗者，並在阿布・阿拔斯的手下管理軍務與稅賦，負責培育哈里發的女兒。整個家族位居高位，握有絕對的權力。

事情很棘手啊，哈里發大人。
葉海亞宰相和巴爾馬克家族*1快把阿拔斯家族逼到死角了。你應該知道吧？
嗯……

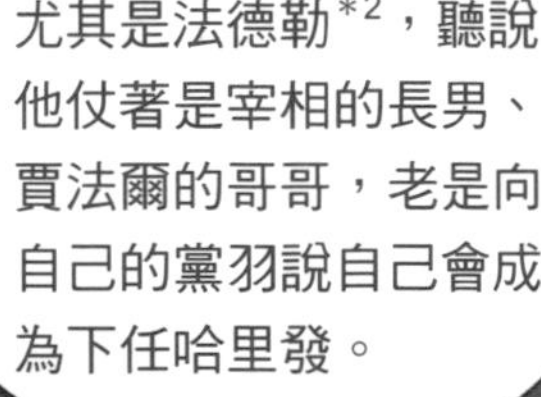

法德勒
尤其是法德勒*2，聽說他仗著是宰相的長男、賈法爾的哥哥，老是向自己的黨羽說自己會成為下任哈里發。

不用你說我也知道。
聽說我七次冒險蒐集來的寶物，全都放進巴爾馬克家族的金庫，根本沒進到皇宮的寶物庫裡。

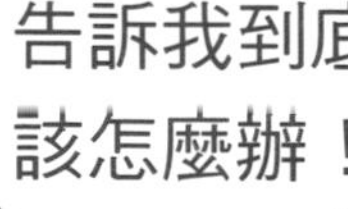

告訴我到底該怎麼辦！

現在已經到了不是阿拔斯家族活下來，就是巴爾馬克家族活下來的地步了吧？
宰相是無辜的，有野心的只有法德勒吧？

葉海亞對我一直忠心耿耿，我想只處罰法德勒。

哈里發大人一如往常的天真啊！

如果只處罰法德勒，巴爾馬克家族怎麼可能悶不吭聲？

葉海亞失去兒子一定會全力復仇，所以要給巴爾馬克家族，不對，要給賈法爾——

致命一擊！

對賈法爾動手？
我知道這個決定很痛苦。但賈法爾很聰明，也受國民歡迎，
在巴爾馬克家族裡，他是最棘手的傢伙。
只要能收拾賈法爾，剩下的就好辦了。
他可是我的妹夫！也是你的朋友，不是嗎？
下不下手，都是哈里發大人您的決定。

小知識

伊斯蘭世界除了擁有自己的神學、法學、歷史學、語言學之外，還從希臘、印度、波斯吸收哲學、數學、化學、物理學等知識，並將這些學問發揚光大。我們算數時使用的阿拉伯數字，便是誕生於印度、由伊斯蘭學者改良後的成果。

哈里發大人的大叔父*不也是若無其事地滅了敵人（伍麥葉家族）嗎？

你認為寡人也該如此？

真懷念啊！哈里發大人和我、賈法爾三個人，曾經狠狠教訓過鎮上的流氓們。

我們的冒險還被詩人寫成詩歌。
「名君和其友，為人不知地拯救百姓……」
咦？我沒被寫進歌裡？
因為你總是愛吹牛。

* 大叔父：指阿布・阿拔斯（見12～17頁）。

伊斯蘭曆（又稱回曆）將先知穆罕默德從麥加遷移至麥地那的日子（西元６２２年７月１６日）訂為元年１月１日，一年有十二個月，每月三十天與二十九天輪流出現，一年共有３５４天。雖然設有閏日，但三十年只有十一天，因此月分與季節逐漸脫軌，一年的開始與季節完全無關。

巴爾馬克家族的宅邸

沒錯，我只是愛吹牛的傢伙，不是哈里發。

……

賈法爾大人，哈里發大人派邁斯魯爾來訪。

邁斯魯爾？

哈里發大人想要你的項上人頭。

理由是？

這樣……我的妻子會有什麼下場？
我沒聽說。

請轉告哈里發大人，務必寬容的處置她。
我知道了。

請稍等一下。

小知識

伊斯蘭世界沒有佛教僧侶或基督教牧師這類聖職者，在穆斯林之上的只有阿拉與先知穆罕默德。不論哈里發或一般人，在阿拉面前都是平等的。

小知識
高舉
把我的人頭示眾，
讓人們懂得害怕
和敬畏。
唰唰——
巴格達・黃金殿

放下
……你做得很好。
放出風聲，讓人們知道我多痛恨這個顛覆國家的亂臣。
葉海亞、法德勒和巴爾馬克家族的其他主要成員都抓起來了。
把他們的財產全部沒收。
遵命！

一切都結束了。
這樣就可以了嗎？

要國家還是朋友？哈里發大人只是做出選擇而已。

我的朋友就只剩下你這傢伙了，辛巴達。

辛巴達？
日後也在《一千零一夜》故事中登場的船員辛巴達，或許只是哈倫那顆煩惱的心所產生的幻影。

在哈倫的治世之後，繼任的阿明*1和兄長馬蒙*2發生內戰，
於是阿拔斯王朝的國力逐漸衰退。

此外，薩曼王朝*3在伊朗地區興起；在北非突尼西亞建立的法蒂瑪王朝*4也統治了埃及一帶。
黑海
裏海
喀喇汗國
後伍麥葉王朝
拜占庭帝國
薩曼王朝
地中海
阿拔斯王朝
布維西王朝
法蒂瑪王朝
接著，伊朗裔布維西家族進入巴格達，以總領*5之姿從哈里發中心奪得世俗的支配權，創立了布維西王朝*6統治一切，阿拔斯王朝至此成為名存實亡的帝國。

*1 阿明：哈倫的次子，也是第六代哈里發（在位期間西元809～813年）。

*2 馬蒙：打倒阿明、奪走哈里發寶座後，成為第七代哈里發（在位期間西元813～833年）。

*3 薩曼王朝：伊朗領主一族建立的王朝（西元875～999年）。從阿拔斯王朝第十五代哈里發穆阿臺米德手中奪得統治權。

*4 法蒂瑪王朝：什葉派的一支伊斯瑪儀派建立的王朝（西元909～1171年）。王國名字源自先知穆罕默德的女兒法蒂瑪。

*5 總領：阿拉伯語中司令官、總督的意思，之後成為王公貴族的稱號。

*6 布維西王朝：由什葉派的布維西家族建立的伊朗裔軍事政權（西元932～1062年），握有阿拔斯王朝的實權。

2 羅馬帝國的分裂與日耳曼民族大遷徙
環繞地中海周圍的大帝國——羅馬，在西元2世紀初時領土擴張到最大，每個羅馬人都享受著如此的繁華，但帝國的未來早已蒙上陰霾，潛伏著各種危機。
阿陶爾夫
加拉
埃提斯

*1 涅爾瓦：古羅馬帝國皇帝（在位期間西元96～98年）。成功平息前任皇帝圖密善的暴政所引起的混亂後，施行德政。
*2 圖拉真：古羅馬帝國皇帝（在位期間西元98～117年）。成為涅爾瓦的養子後繼承帝位，將羅馬帝國的版圖擴張至最大。

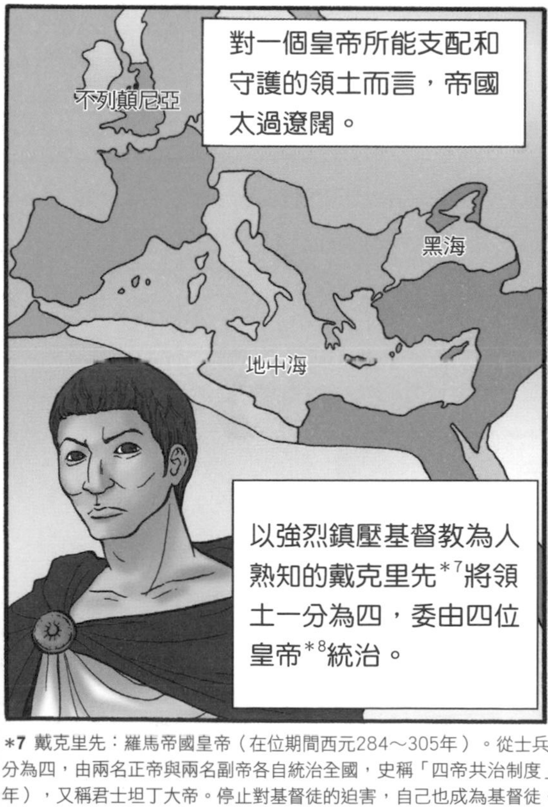

對一個皇帝所能支配和守護的領土而言，帝國太過遼闊。

不列顛尼亞

黑海

地中海

以強烈鎮壓基督教為人熟知的戴克里先*7將領土一分為四，委由四位皇帝*8統治。

首位信奉基督教的皇帝——君士坦丁*9，則將首都移至拜占庭，

羅馬

君士坦丁堡

並改名為君士坦丁堡*10。這期間，羅馬又由皇帝一人一手統治。

*3 哈德良：古羅馬帝國皇帝（在位期間西元117～138年），致力於充實國力。
*4 安敦寧：古羅馬帝國皇帝（在位期間西元138～161年）。哈德良的養子，讓羅馬進入最和平的時代。
*5 奧里略：古羅馬帝國皇帝（在位期間西元161～180年）。安敦寧的養子，也是知名的哲學家。打破舊有慣例，讓親生兒子康茂德繼位。
*6 五賢帝：古羅馬帝國全盛時期的五位皇帝，由出身貴族的優秀人才擔任皇帝。

*7 戴克里先：羅馬帝國皇帝（在位期間西元284～305年）。從士兵躍升為皇帝，並鎮壓了國內的叛亂。 *8 四位皇帝：帝國一分為四，由兩名正帝與兩名副帝各自統治全國，史稱「四帝共治制度」。 *9 君士坦丁：羅馬帝國皇帝（在位期間西元306～337年），又稱君士坦丁大帝。停止對基督徒的迫害，自己也成為基督徒。 *10 君士坦丁堡：原名拜占庭，是現今的伊斯坦堡。

*1 迦太基：過去繁榮於現今突尼西亞一帶的都市。西元前3～前2世紀之間，與羅馬產生激烈的紛爭（布匿戰爭）。
*2 高盧：古羅馬對橫跨現今法國、比利時全境、部分荷蘭、德國、瑞士等地的稱呼。

*3 匈奴人：長期於中亞西部居住的遊牧民族。日耳曼民族大遷徙的主因源自匈奴人入侵歐洲。
*4 日耳曼民族：長期於北歐居住的各民族。
*5 西哥德人：東日耳曼民族的分支之一。

然而，過於擴張的國境總是遭受過去統治迦太基*1或高盧*2的強敵侵優。
進入西元4世紀後半，遊牧民族匈奴人*3從裏海東方入侵，將日耳曼民族*4中一支西哥德人*5的土地奪走。
匈奴人
西哥德人
黑海
裏海
被匈奴人驅趕的西哥德人只好逃至羅馬境內尋求庇護。

至此，羅馬為各種民族的侵擾煩惱不已。
但儘管得以棲身，卻遭受嚴苛的虐待，於是西哥德人群起叛亂。

之後羅馬又歷經多次分裂和統一，直到狄奧多西一世*6在西元395年將東羅馬帝國託付給長子阿卡狄奧斯*7，
將西羅馬帝國交由次子霍諾里烏斯*8統治，帝國自此永遠一分為二。

*6 狄奧多西一世：羅馬帝國皇帝（在位期間西元379～395年），統治羅馬全境，是虔誠的基督徒。
*7 阿卡狄奧斯：東羅馬帝國的首位皇帝（在位期間西元395～408年）。
*8 霍諾里烏斯：或譯霍諾留。西羅馬帝國的首位皇帝（在位期間西元395～423年）。

亞拉里克
西羅馬帝國對西哥德王亞拉里克*9多有畏懼。

*9 亞拉里克：西哥德王（在位期間西元395～410年）。

啪

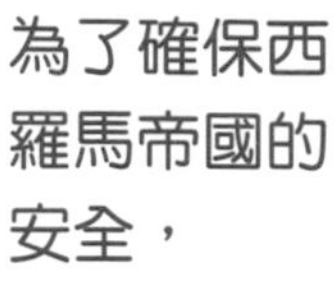
為了確保西羅馬帝國的安全，
埃提斯*10
父親是外族出身的軍人、母親是羅馬貴族的少年埃提斯，被送到西哥德王亞拉里克的身邊當人質。

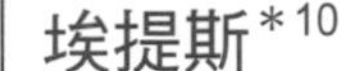

小知識

西方基督教認為，身為第一位人類的亞當背棄上帝，吃了不該吃的禁果，導致所有人類生來就背負著「原罪」。

又要掠奪無辜的人了嗎？
無辜的人？世上沒有這種傢伙。又是耶穌的教誨吧？

就算貧窮也不該……

真正貧窮的是你們羅馬人，只把貧瘠的土地割讓給我！

*10 埃提斯（西元390~-454年）：西羅馬帝國將軍與政治家。

只要好好耕種，
就能種出麥子。
這麼做就不會
再有飢荒。
麥子種籽只
有一點點，
怎麼種也
不夠！
就算這樣，不
種的話人民還
是會餓肚子。
你們羅馬人又是
怎麼得到糧食的？
不過是從行省的農
民身上搜括，然後
每天醉生夢死吧？
哼
啪
阿陶爾夫*1

*1 阿陶爾夫：繼承義兄亞拉里克之位，成為繼任的西哥德王（在位期間西元410～415年）。
*2 蠻族：野蠻、不文明的民族。

小知識
古希臘於西元前776年開始，每四年舉辦一次的奧林匹亞祭典，因狄奧多西大帝下令禁止異教，於西元393年停辦。直到近代1896年才以奧林匹克運動會之名重新舉辦。

你的眼神真不錯。

你的眼神是戰士的眼神。
我們不能當朋友嗎？

我不需要蠻族*2的同情。
誰要和你們做朋友！你們是羅馬的敵人。

瞪

你真是大膽啊！你知道自己是人質吧？
我當然知道。死掉的人質毫無價值可言，所以你們不可能殺死我。
我真中意你。發生什麼事就來找我。

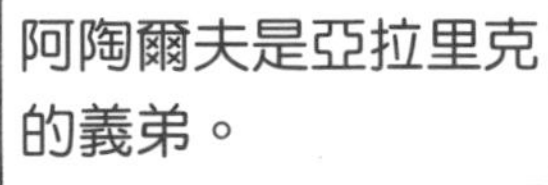
阿陶爾夫是亞拉里克的義弟。

幾年後，埃提斯離開西哥德人的掌握，卻淪為匈奴人的人質。
據說亞拉里克為此感到惋惜。

小知識

有一說法是原本盤據中國北方草原的匈奴人中，一支在蒙古高原生活的北匈奴，因為遭到周邊部族的侵襲而被迫入侵西方，但這個推測至今尚未得到證實。

親愛的匈奴王，我們是偉大的西羅馬皇帝派來的親善大使。

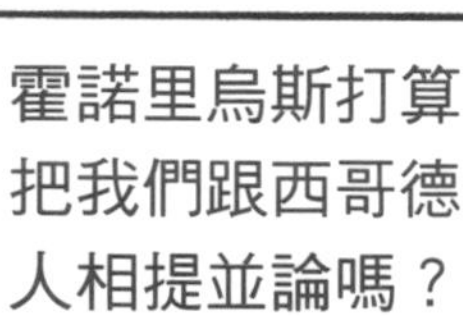
霍諾里烏斯打算把我們跟西哥德人相提並論嗎？

的確是膚淺的人。

這位是？
盧阿*。
很懂得看人臉色的人，一直想坐上王位。

＊ 盧阿：匈奴王，阿提拉的伯父。

現在的埃提斯還不知道，少年時代成為人質的經驗，將在日後大大地派上用場。

看來匈奴人也沒傳說中那麼團結。

送去人質卻毫無效果後，西哥德人立刻席捲羅馬境內，在西元410年奪下羅馬市。

小知識

西羅馬將軍斯提利科曾擊退來襲的西哥德亞拉里克與東哥德，但是霍諾里烏斯卻把這位義父處死，羅馬因此被失去宿敵的亞拉里克所掠奪。

拉溫納
羅馬

霍諾里烏斯於是將首都遷往拉溫納，採取守城的策略。

果然，不是首都的羅馬已無法逃離亞拉里克的掌心。

亞拉里克大人，我們抓到這個女的！好像是皇帝的族人！

帶上來！

加拉・普拉西提阿*是霍諾里烏斯的妹妹。

我是皇帝的妹妹！不許你放肆！

公主殿下。

呵呵呵

喀

接下來你會有什麼下場，

看來你還不太清楚吧？

大哥，別心急。這丫頭可以當成談判的籌碼。

哼！
隨便你，我不覺得有必要和即將滅亡的帝國打交道。

我哥哥會立刻付贖金，把我從你們手中救回去的。

真是這樣就好了。

加拉被當作人質沒多久，亞拉里克就暴斃了，由義弟阿陶爾夫繼位為王。

小知識
亞拉里克死於南義大利，他為了不讓自己的墳墓被發現，故意將墳墓蓋在河底，且為了避免墳墓所在地外洩，負責造墓的奴隸全被處死。

小知識

日耳曼人往西遷徙雖然歸因於匈奴人的西進，但也有為了氣候變遷導致糧食不足，以及農業技術不夠發達等因素，因此另有一說認為，日耳曼人是因為土地過於貧瘠才不得不遷徙。

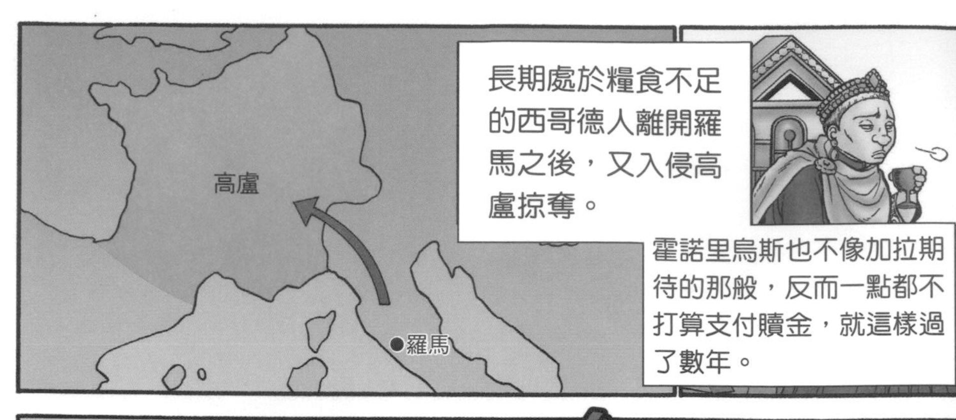
高盧
羅馬
長期處於糧食不足的西哥德人離開羅馬之後，又入侵高盧掠奪。

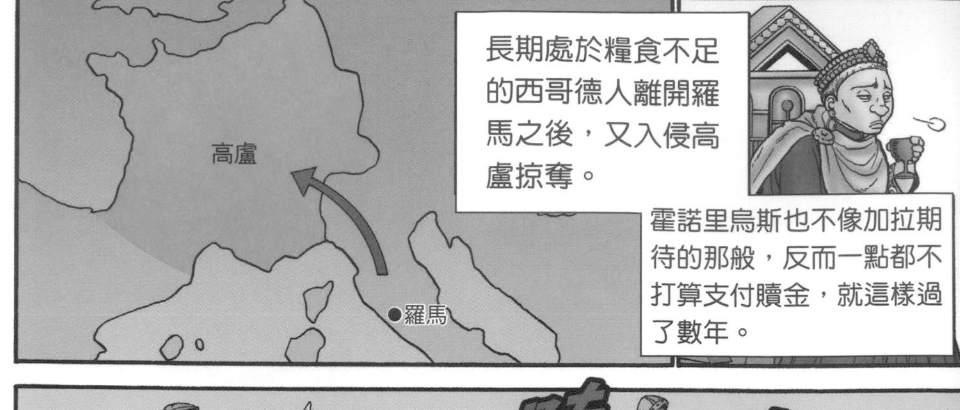
霍諾里烏斯也不像加拉期待的那般，反而一點都不打算支付贖金，就這樣過了數年。

哇
哇
哇

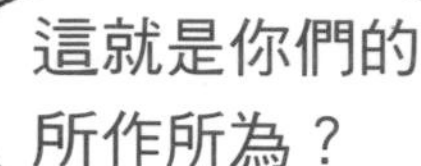
這就是你們的所作所為？

搶奪和殺戮只會留下眼淚和悔恨！

啪
咻
難道還有其他辦法？

羅馬人看不起我們西哥德人，只把貧瘠的土地分給我們。

只有受到其他部族威脅時，才會來求我們幫助！

抓住

能不用搶奪的話，我也不想搶奪。

放開我，你這個野蠻人！

小知識

屬於日耳曼民族分支的汪達爾人，從波羅的海沿岸地區經過現今的德國、法國與西班牙，於北非登陸，在突尼西亞建立汪達爾帝國（西元429～534年）。英語用「汪達爾人作風」（Vandalism）來形容破壞藝術作品與文化財產的行為，可見他們當時的掠奪多麼激烈。

我有些事想和羅馬那
邊談談，希望你能擔
任交涉的使者。

我嗎？
我希望你能成
為我們和羅馬
之間的橋梁。

知道了，讓
我負責吧！

＊總督：負責治理羅馬行省的長官。

阿陶爾夫在高盧南部與羅馬總督＊會談。

我和兄長不同，不喜歡無謂的殺戮，我們想要的是定居的土地和糧食。

我了解了。
我們的條件是希望你幫助我們討伐叛亂者約維努斯。

此時約維努斯將軍自稱西羅馬皇帝，在高盧設立大本營。

條件只有這樣？
不，皇帝陛下還有一項條件。

希望你們把親愛的妹妹加拉公主還給我們。

小知識

羅馬文物在各地都被視為珍寶。即便在遠東的日本，也曾從京都府長岡京市的西元5世紀古墳中挖出可能是羅馬製造的彈珠。

小知識

「入境隨俗」這句成語，英語說成「當你在羅馬，就做羅馬人做的事」（When in Rome, do as the Romans do.）。

我知道了。
站起
我、我絕對
不會回羅馬！
被蠻族生活
汙染了嗎？
總督，我不
許你說這番
無禮的話。

我會負責
說服她的。
我知道了。

這麼做絕對
是錯的，
羅馬一定會再
次背叛我們。

即便如此，
我還是願意為了
和平賭上一把，
與你的故鄉
和平相處。
約維努斯的軍隊
根本不是西哥德
人的對手，
阿陶爾夫沒多
久就凱旋回到
加拉身邊。
但是……
我不想回羅馬。
你呢？沒有我，
是不是就耳根
清靜了？
我知道。

怎麼可能呢？

從第一次相遇開始，
你就不是我的俘虜……
我才是你的俘虜。

即使會讓這次
的戰果付諸流水
也沒關係嗎？

我已經是西
哥德人了。

我會派出使者，

說我不會把你
還回去。

哇！

您總算下定
決心了。
我們之前一直
覺得很不安！
太棒了！阿陶爾
夫大人總算得到
幸福了。

國王萬歲！
加拉公主萬歲！
你們這些傢伙！

西哥德和羅馬的條約就此毀棄。

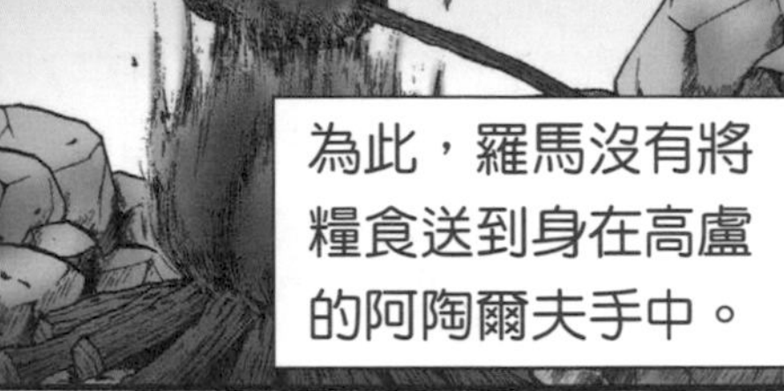
為此，羅馬沒有將糧食送到身在高盧的阿陶爾夫手中。

小知識

阿陶爾夫和加拉舉辦了非常盛大的婚禮，因為這場婚禮不僅為了兩位新人舉辦，也象徵著西哥德與羅馬的和解。

西元414年1月，加拉正式與阿陶爾夫成婚。

可惜這份幸福僅維持了短短的一年。

隔年夏天——

阿陶爾夫慘遭刺殺。

西班牙・巴塞隆納
讓我過去！
噠
王妃，請冷靜！

為什麼會發生這種事？

刺殺阿陶爾夫的是過去遭受處死的族長的支持者。

我太大意了，原本以為會死在戰場上。

親愛的，你不准死！
你不是會留下我自己離開的人。
你比在草原奔跑的野狼還激動啊。

小知識

巴塞隆納是西元前3世紀北非的迦太基將領哈米爾卡・巴卡（約西元前270～前229年）所建，這位將領就是數次擊退羅馬的名將漢尼拔（西元前247～前183年）的父親。

不要……

這裡不是你的國家，我死後你就回羅馬去吧！
不要！我要和你在這裡生活下去！

如果羅馬沒有你的立足之地，就去找埃提斯這個人。
他和我們擁有一樣的內心，是羅馬軍人。

埃提斯？
能在你的懷抱中死去，也不算最糟的結局吧！

小知識

羅馬築了一道長城，抵禦日耳曼人入侵，可是羅馬逐漸式微，再也無力抵擋。

西元417年，
拉溫納，霍諾里烏斯皇帝的宮殿。

您喚我來有什麼事嗎？
親愛的兄長皇帝陛下。

妹妹啊，

回到羅馬已經過了一年，
我都沒見你開心地笑過。

所以我今天
要給你個好消息。
好消息？
還記得我的部下君士坦提烏斯三世*1嗎？
怎麼了？

哎呀！你真是冷淡，
他曾是你的未婚夫啊！
這是父親決定的事，
有十年以上了吧！

我從沒聽說過這件事。

*1 君士坦提烏斯三世：霍諾里烏斯底下的將軍。之後與霍諾里烏斯一同成為西羅馬帝國皇帝（在位期間西元421年），但未得到東羅馬帝國皇帝的承認。

*2 狄奧多西二世：東羅馬帝國皇帝（在位期間西元408～450年），阿卡狄奧斯的兒子。

不管你聽過或沒聽過，這是父親的遺願。
寡人希望把君士坦提烏斯，不對，把他的軍隊納入麾下。
要你跟他結婚。

既然如此，隨您高興。
我也無力違背皇帝的命令吧？

加拉心不甘情不願的結婚後，育有一女一子。
但君士坦提烏斯結婚沒多久便死去。

狄奧多西二世
加拉和孩子們投靠到外甥東羅馬皇帝狄奧多西二世*2治理下的君士坦丁堡。

數年後霍諾里烏斯死去，加拉的兒子瓦倫丁尼安三世*3即位，成為西羅馬皇帝。
瓦倫丁尼安三世

西元450年
羅馬

*3 瓦倫丁尼安三世：西羅馬帝國皇帝（在位期間約西元425～455年）。年少時期由加拉代掌實權。

小知識

霍諾里烏斯十歲即位，三十八歲身歿。在他擔任皇帝期間，戰亂與混亂頻傳，使西羅馬帝國的國力大為削弱。

瓦倫丁尼安三世視西哥德為敵人，與匈奴人結盟後，訂立與他們敵對的計畫。

此時統治匈奴人的是阿提拉[*1]。
阿提拉

而被任命和阿提拉協商的，
便是幼時曾在匈奴人手下當人質的埃提斯。

埃提斯將軍，阿提拉是怎樣的人？
副官
是個善於謀略的策士。

這次皇帝完全中了那傢伙的計謀。
阿提拉的算盤是先消滅西哥德人，再憑一己之力打倒西羅馬帝國。

是喔。
雖然帝國分成東西以來，財富都流往東羅馬的首都君士坦丁堡，
但我們的羅馬還健在呢！

＊1 阿提拉：匈奴王（在位期間西元434～453年）。西元434年與其兄長一同稱王，後於西元445年獨自稱王。

*2 汪達爾人：東日耳曼民族的一支。被匈奴人趕到北義大利、高盧，之後又從伊比利半島遷至北非。　*3 傭兵：以金錢聘僱的士兵。

哎呀！怎麼看都是羅馬人，
健在嗎……
而且還是奴隸。

恐怕是奴隸商人在路邊撿到的孩子吧！
嗯？那是？

那是汪達爾人*2的傭兵*3。
便宜點
看起來挺溫和的。

一個人的時候是這樣，但一群人喝酒喝到興頭後，就控制不住自己了。
這和行省的羅馬兵有什麼兩樣？

都是這樣的人嗎？

在外敵環伺的行省裡，這些被稱為蠻族的傭兵是守城的關鍵。

因為土生土長的羅馬兵光集合就很耗時，要付的薪水也太高。

小知識

羅馬人愛喝葡萄酒，在歐洲各地種植葡萄；日耳曼人則喜歡用小麥或大麥製成啤酒。羅馬歷史學家塔西陀就曾以「雖然很像葡萄酒，卻比葡萄酒劣質」來形容啤酒。

羅馬人都快忘記
怎麼拿武器了。

啪

這樣的羅馬真的
有守護的價值嗎？

我怎麼也無法抹去
腦中這個想法。

西元449年 拉溫納

加拉（約六十歲）
我不要和那種
老人結婚！
霍諾莉亞*1

加拉的女兒霍諾莉亞
非常討厭政治婚姻，
所以寫信給匈奴王阿
提拉，懇求對方拯救
自己。

她不知道這封信
會為羅馬帶來什
麼命運。

*1 霍諾莉亞（約西元417～452年）：君士坦提烏斯三世和加拉所生的女兒。

*2 元老院：為皇帝提供政治建議與意見的機構。

小知識
霍諾莉亞在此事件後就被流放。

對方是元老院*2議員，你哪裡不滿意？

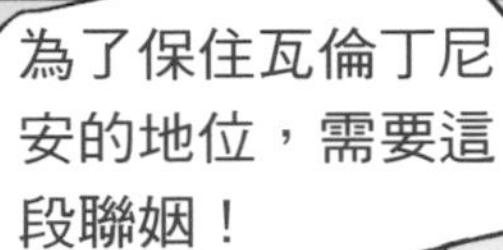
為了保住瓦倫丁尼安的地位，需要這段聯姻！

什麼都為了瓦倫丁尼安！那我的想法呢？

就算這樣，怎麼可以向阿提拉求助！
砰
換成母親，一定也會做同樣的事！

站起

總之，我就是不要和那個老人結婚！

你說什麼……

阿提拉的野營地

打倒西哥德後，我一直在想怎麼不花一兵一卒拿下西羅馬，現在機會總算降臨了。

事情越來越有趣了。

可是這封信上只寫了「請救救我」而已。

這點小事不用在意，反正可以利用這個女人。

立刻寫信給瓦倫丁尼安，要他把西羅馬的一半讓給我，當作新娘的嫁妝。

咦？新娘。

我要收下皇帝的姊姊。

辛苦了，埃提斯將軍。

不知道您喚我來有什麼事。

我想起阿陶爾夫說的話，他說有事可以依賴你。

阿陶爾夫……好懷念的名字。

聽說你很熟悉匈奴人。

我曾是他們的人質。
阿提拉是怎樣的人？

他是一個優秀的指揮官，野心雖大，卻很有智慧。
他不愛爭鬥，但若非戰不可，絕對不會手下留情。

如果和他交戰，羅馬可能獲勝嗎？
不可能。

你回答得真快。
不過，現任西哥德王狄奧多里克一世*是阿陶爾夫的外甥，
他一直很討厭阿提拉。如果和他聯手，有可能形成拉鋸戰嗎？
狄奧多里克一世

狄奧多里克一世就是不久之前與你交戰的對手吧？
而且阿提拉是我的朋友。

狄奧多里克一世：西哥德王（在位期間西元418～451年）。

小知識

直到現在都還能在拉溫納參觀加拉的陵墓，其內部以精緻的馬賽克裝飾，已被列入世界遺產。

真要對戰的話，
你不得不做出讓自
己難過的事吧。

我可是身心全獻
給羅馬的軍人。

再過不久就必須和
阿提拉正面交鋒，
羅馬交給你了。

不久之後，
加拉辭世。

沒能親眼見到
阿提拉的軍隊兵臨
城下，對加拉來說
也是一種救贖吧。
終於……

又能和你一起

在草原奔馳。

西羅馬當然不可能接受阿提拉提出的「把霍諾莉亞和一半領土交出來」的要求。

被拒絕的阿提拉為了殺雞儆猴，四處掠奪。

西羅馬和西哥德聯軍在西元451年，和阿提拉的軍隊在卡塔隆平原*正面對決。

真是可笑，在此之前我們還是肩併肩的好友。

你也才剛和狄奧多里克一世打完仗。

皇帝還在宮殿發抖嗎？

誰知道。

回到我們
身邊吧。
現在的皇帝值得
你如此盡忠？
或許不值得。

但我無法容忍你們
對羅馬所做的事。

早就——
想跟你交手了。

就像那傢伙說
的，真是可笑。
沒想到我們
會聯手。

命運真愛捉
弄人啊！

這樣也好。
在打倒阿提拉
之前，我就先留
你一條小命吧。

隨時恭候
大駕。

日沉西山之際，戰爭開始。

聯軍和阿提拉的軍隊形成互相角力的態勢，直到深夜都未能分出勝負，只得先暫時停戰。

羅馬派使者前來求見。

傳進來。

掀開

哈哈哈，

將軍親自來叫我們「投降」嗎？

不是，
狄奧多里克一世陣亡了。
他的兒子托里斯蒙德與狄奧多里克二世正準備點燃復仇之火。
我不想再因戰爭而有所傷亡了。
你要我撤退？
你的勝算不高。
我知道你在打什麼算盤。
如果能打倒我們，這次西哥德就會滅掉羅馬；如果能讓我們和西哥德
持續產生衝突，羅馬就得以平安……我說的沒錯吧？
我總是以羅馬為第一優先。
羅馬總有一天會滅亡。
你做的一切只是讓羅馬多點時間殘喘而已。
不過，我就賣你一次面子吧。

感謝你，我的朋友。

阿提拉就此撤兵。卡塔隆平原之戰以西羅馬、西哥德聯軍勉強戰勝的形式告終。

之後阿提拉的軍隊仍於西羅馬各地肆虐。

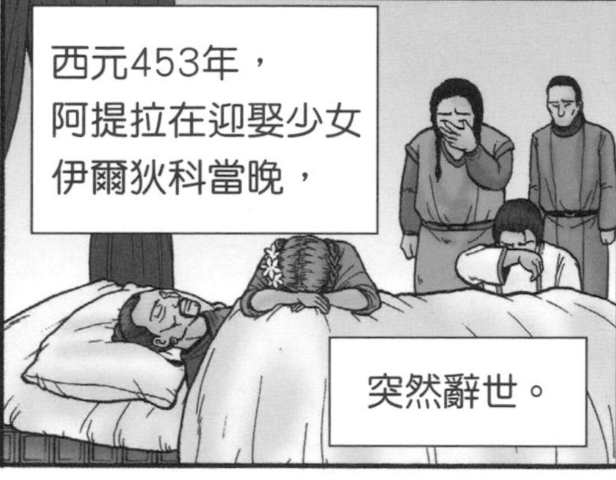
西元453年，阿提拉在迎娶少女伊爾狄科當晚，
突然辭世。

據說可能染上瘟疫，也可能被暗殺。

西元454年 拉溫納宮殿
卡塔隆平原之戰獲勝，讓埃提斯名聲逐漸高漲。
越來越多人力推他當下一任皇帝。

小知識

阿提拉造成的恐懼深深地扎根在歐洲人心中，甚至將他稱為「上帝降下的災厄」或「上帝之鞭」。

讓羅馬重返榮耀！
這次如此盡力，真是辛苦了。
刺
入
你可以休息了，
永遠地。
為什麼？
我心裡不平衡，不管是你的勇氣、智謀，還是人望。

事到如今，

我才知道誰是羅馬真正的敵人。

隔年，瓦倫丁尼安三世也被暗殺，西羅馬帝國瞬間邁向滅亡。

二十一年後的西元476年

羅慕路斯・奧古斯都

奧多亞塞

傭兵隊長奧多亞塞[*1]迫使末代皇帝羅慕路斯・奧古斯都[*2]退位。

芝諾
奧多亞塞將西羅馬土地獻給東羅馬皇帝芝諾[*3]，成為握有西羅馬實權的王。

狄奧多里克大帝
但奧多亞塞日後為芝諾所疏遠，又被東哥德王國的狄奧多里克大帝[*4]討伐。

據說只坐上皇帝寶座一年就被推翻的羅慕路斯・奧古斯都，

從狄奧多里克大帝手裡領到年金，優雅地度過後半生。

*1 奧多亞塞（約西元434～493年）：日耳曼族裔出身的將領。 *2 羅慕路斯・奧古斯都：西羅馬帝國的末代皇帝（在位期間西元475～476年），因父親歐瑞斯特才坐上皇位。 *3 芝諾：東羅馬帝國皇帝（在位期間西元474～491年）。 *4 狄奧多里克大帝：東哥德王（在位期間約西元473～526年）。西元493年打倒奧多亞塞後，統治義大利全境，建立了東哥德王國。

3 法蘭克王國與查理曼

羅蘭
李奧三世
查理曼
路易一世
西羅馬帝國滅亡後，
日耳曼民族的各部族
在西歐一帶不斷地彼此征戰。
最後出現一位結束亂世、締造
現今歐洲的大帝！

*1 亞琛：位於現今德國西部北萊茵-威斯特伐利亞州的一個城市。查理曼將宮廷設於此處。 *2 查理曼Charlemagne即為查理大帝Charles the Great，法蘭克王國加洛林王朝第二代國王（在位期間西元768～814年）。德語音譯為卡爾大帝。

聽說迦太基[*4]的漢尼拔[*5]曾率領戰象部隊，越過阿爾卑斯山[*6]。

漢尼拔

這頭象是

巴格達的哈里發哈倫・拉希德[*7]派人送來的禮物。

哈倫・拉希德

*3 路易一世（西元778～840年）：或譯路德維希一世，法蘭克王國加洛林王朝第三代國王（在位期間西元814～840年）。查理曼的兒子。 *4 迦太基：位於現今突尼西亞。腓尼基人建立的城市，西元前3～前2世紀與羅馬發生激烈衝突。 *5 漢尼拔（西元前247～前183年）：迦太基的將軍，以天才般的戰略對抗羅馬。 *6 阿爾卑斯山：橫跨瑞士、法國、德國、義大利、奧地利的歐洲大山脈。

明明體型如此
巨碩，個性卻
如此溫馴。

*1 彌撒：又稱「感恩祭」，教會中包括領聖體等重要的禮儀。

教宗邀請我們
參加聖誕節的
彌撒[*1]。

這是替現任教宗
平息前教宗勢力
的回禮嗎？

當時的教宗為李奧三世[*2]。
許多聖職者沒想到出身羅
馬低微家世的李奧三世，
李奧三世
居然能成為教會的最
高掌權者，因此李奧
三世曾遭暗殺。

應該是希望世人
知道法蘭克王國[*3]
站在教宗這邊吧。

我希望讓阿爾
坤[*4]參加這次
的彌撒。

順道去圖爾[*5]，
帶他一同前往。
遵命。

*2 李奧三世（西元？～816年）：或譯利奧三世，羅馬教宗（在位期間西元795～816年）。西元799年被前教宗一族襲擊，逃亡到法蘭克王國。

*3 法蘭克王國：西元481年由克洛維統一法蘭克人所建立的國家。

*4 阿爾坤（西元735～804年）：英格蘭神學家，將希臘、羅馬的古典文化與基督教融合成全新的文化。

他在拉丁語的普及，和現今仍使用的加洛林小寫字體統一上都有貢獻，是一位出生於英格蘭約克城的神學者。

艾因哈德！

砰

艾因哈德*7

嚇一跳

聽說了嗎？

啊

今年的聖誕節要在羅馬舉辦！

小知識

據說查理曼身高高達195公分，是擅於狩獵、馬術與游泳的運動高手。為了游泳，甚至在宮廷裡打造溫水游泳池，家臣之中，無人能在游泳這個項目勝過查理曼。

*6 加洛林王朝：由丕平三世創立的王朝（西元751～987年）。

*7 艾因哈德（約西元770～840年）：法蘭克王國加洛林王朝的歷史學家。阿爾坤的弟子，擁有卓越的外交與建築才能，著有《查理曼傳》。

小
知識

查理曼厭惡羅馬式的華服，除了重要典禮之外一律不穿，平日只穿簡便的衣服。據說他總是把話說得非常明確。

在羅馬嗎？
李奧三世又打算
利用陛下？

雖然是這樣，但能去
那美麗的都城，就沒
什麼好抱怨的了。

只有白天吧？一到
晚上，我們就會被
趕回野營地。
羅馬那群人還是
很畏懼我們。

過去多次被異族掠奪的
羅馬，變得對自己人都
要警戒。

哈哈哈，母親大人
也是這樣感嘆。

赫德嘉*大人是
位美麗的女性。
赫德嘉

母親在我五歲時就
去世了，我對她沒
有太多的印象。

是你這傢伙的
初戀吧？
別、別捉弄
我啦！

你也會去
羅馬嗎？
你們方便的話。

父親會帶阿爾坤
一同前去。
阿爾坤老師
也會去嗎？

真是懷念，先生
一直在圖爾閉關，

有一段時間沒能
拜見他了。

沙沙沙沙…

話說，年代紀錄
進行得如何？

我也希望能說出寫
得不錯這句話。

小知識

這時候的文字都寫在由綿羊、山羊或小牛的皮製成的羊皮紙上。製作方法是將石灰水沾在皮上，讓毛脫落後整理表面，再讓整張皮變薄，接著拉緊晒乾就完成了。由於堅固耐用，常用於重要文件的書寫。

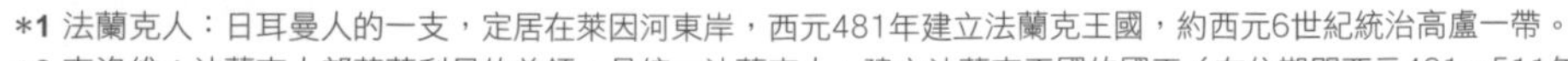

*1 法蘭克人：日耳曼人的一支，定居在萊因河東岸，西元481年建立法蘭克王國，約西元6世紀統治高盧一帶。
*2 克洛維：法蘭克人部落薩利昂的首領。是統一法蘭克人，建立法蘭克王國的國王（在位期間西元481～511年）

小知識

梅羅文加王朝的「梅羅文加」源自克洛維祖先的名字。

你聽，
西羅馬帝國滅亡（西元476年）與義大利半島被東哥德王國統治，
於是東羅馬（拜占庭）帝國勢力所不能及的高盧之地，便成為法蘭克人*1的地盤……你覺得如何？
法蘭克王國
巴黎
高盧
勃艮第王國
東哥德王國
拉溫納
東羅馬帝國（拜占庭帝國）
西哥德王國
羅馬
汪達爾王國

請繼續說。
克洛維*2
法蘭克國王克洛維成為天主教的改宗者，得到拜占庭皇帝給予的執政官*3稱號，
成為天主教的守護者，將首都設在巴黎，這就是梅羅文加王朝*4的開端。

克洛泰爾一世
提烏德里克一世
希爾德貝爾特一世
克羅多米爾
亞奎丹（阿基坦）
根據法蘭克的法律，國王過世後王國領土必須分給所有兄弟。
克洛維的子孫們互相爭奪領土，導致梅羅文加王朝的權威日漸衰弱。

*5 宮相：原本指的是管理國王家產的人，但逐漸干預國政後，成為最高地位的官職。　*6 查理・馬特（約西元688～741年）：法蘭克的宮相，繼承其父丕平二世的地位。在與伊斯蘭軍隊的戰役中獲勝而聲勢大漲。德語音譯為卡爾・馬特。

取而代之，握有實權的是……
宮相[5]。

……原來如此。宮相就是負責管理國庫和包辦行政事務的官職吧？
明明身為君王，卻把這些工作全交給同一個人，真是大錯特錯。

查理・馬特[6]
宮相查理・馬特（意為「鐵槌」）在西元732年的圖爾戰役中，驅逐了北上至伊比利半島的伊斯蘭軍隊而聲名大噪。
其子丕平，也就是我的祖父，

丕平三世[7]
得到羅馬教宗的支持而篡奪王國。

之所以沒俐落地殺掉前任國王，是因為良心不安嗎？
別把自己的祖父說得像壞人一樣……
這時候，拜占庭帝國與羅馬教廷[8]的關係陷入冰點，拜占庭坐視打倒東哥德的倫巴底人[9]攻擊羅馬教廷。
我的祖父受羅馬教廷之託，把倫巴底人踢回去。

*7 丕平三世（西元714～768年）：查理・馬特之子，綽號「矮子」。西元751年取代梅羅文加王朝最後一個皇帝，建立加洛林王朝並登基（在位期間西元751～768年）。

*8 羅馬教廷：直屬羅馬教宗，統率所有天主教教會的組織。

*9 倫巴底人：東日耳曼人的部族之一。入侵義大利後，西元568年建立倫巴底王國。

小
知識

加洛林王朝的「加洛林」是「查理的子孫」之意，源自將查理・馬特視為王朝的創始者。

占領的部分土地
則獻給教廷，
作為教宗國*1。
教宗國
羅馬

丕平三世
在這場戰役裡越過
阿爾卑斯山的故事，
父親大人似乎聽祖父
講了很多次，
漢尼拔
父親大人把祖父
當成了漢尼拔。

因為收到大象這個
禮物很開心吧。
羅馬教廷將祖父立為
天主教的守護者，

祖父其實不想和拜占
庭帝國、教廷，以及
倫巴底王國打仗。
咦？

可是，您的父親查
理曼卻不一樣？
因為受母親影響，
所以對天主教如此
虔誠吧？

他和威脅羅馬教廷
的倫巴底王國交戰，
對北邊信奉異教的
撒克遜人*2宣戰。
查理曼

陛下總是讓自己身陷戰役中，是不懂得休息的君王。

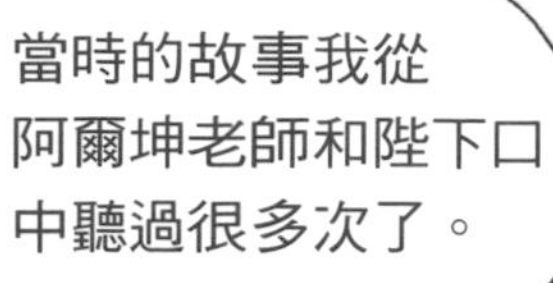
當時的故事我從阿爾坤老師和陛下口中聽過很多次了。

不該知道的也聽了？

就是西元778年的那個事件。
這樣啊，那是我出生沒多久時的事。

那時候我還很年幼，雖然曾目送陛下與那位指揮官出征的身影，但印象實在很模糊。
不過——

不過？

我到現在仍然清楚地記得，他輕撫我的頭的感覺。

西元778年，
伊比利半島的穆斯林之間爆發爭端。
伊比利半島

阿卜杜・拉赫曼一世[*1]

在後伍麥葉王朝[*2]阿卜杜・拉赫曼一世的威脅下，

阿拉比[*3]

蘇萊曼・伊本・阿拉比向查理曼求救。

哇啊

哇啊

阿拉比答應戰勝後臣服於查理曼，於是得到許諾的查理曼率領騎士團出征。

*1 阿卜杜・拉赫曼一世：伍麥葉王朝的分支，被阿拔斯王朝驅逐至伊比利半島後（見17頁），建立了後伍麥葉王朝，並成為王朝的君主（在位期間西元756～788年）。 *2 後伍麥葉王朝：於伊比利半島建立的伊斯蘭王國（西元756～1031年）。 *3 阿拉比：曾統治巴塞隆納的穆斯林。 *4 奧利佛：在許多記述有關查理曼戰役傳說的法國史詩中登場的騎士；在史詩《羅蘭之歌》中也有記載。 *5 羅蘭：在中世紀文藝復興時期的文學作品裡登場的查理曼麾下的騎士團領袖。在《查理曼傳》中是布列塔尼邊區總督。

用、用不著
那麼擔心。

別擔心，奧德。
我會在結婚典禮之前，
把未婚夫還給你。

記得您的承諾，
陛下。

哎呀！敢向我這個國王討承諾的，放眼全法蘭克王國，恐怕只有你了吧。
哈哈

真是非常抱歉。我妹妹的個性強硬，真不知道羅蘭為什麼會喜歡她？

哥哥！

然而，這場遠征完全出乎查理曼的預料。

跨越庇里牛斯山脈[*1]的查理曼率領騎士團，和盤踞在潘普洛納[*2]的後伍麥葉王朝騎士團正面衝突，卻未能獲勝。
查理曼認為已無力再戰，決定先班師回國。

很多同伴都死了。
但我們還活著，現在就向神感謝這件事吧。

庇里牛斯山屬於山岳民族巴斯克人[*3]掌控的地區，不是伊斯蘭和法蘭克的土地。
巴斯克人雖然曾是基督教徒，對法蘭克王國卻無好感。

是法蘭克人。
難道你看到自己的土地被踐踏只會悶不吭聲嗎？
巴斯克人的驕傲去哪了？
讓他們通過吧，當初也讓他們借路經過。

意思是叫我去收拾這些殘兵敗將嗎？

小知識

巴斯克人擁有獨自的語言與色彩鮮明的文化，直至今日仍和西班牙進行爭取獨立的運動。在日本宣揚基督教的聖方濟・沙勿略即來自巴斯克地區。

把穆斯林趕出半島後，下一個目標就是我們了吧？
要打倒他們只能趁現在！
我知道了！既然要戰鬥，就一定要贏得徹底。
隆塞斯瓦耶斯[*4]
再走太勉強了，今晚就在這裡紮營……
滾動…
殺啊—
巴斯克人看準騎士團身陷狹窄溪谷的時機發動襲擊。
咻咻

是巴斯克人！
敵人好像不只穆斯林。
去程時讓我們經過，回程時卻襲擊我們嗎？真卑鄙！
這附近一片漆黑，他們的動作又輕快，騎士們下馬迎戰！

陛下，這裡交給我，你快下達撤退指令！
可是，
我們的兵力只剩一點，敵人那麼多！
如果陷在這裡，一定會全滅！請陛下率領主力部隊一路北歸！

那我該怎麼向奧德解釋。
就說羅蘭勇敢地奮戰到底吧。
請幫我跟她說，哥哥很愛她。
你也和陛下一起撤退，保護陛下安全！
能保護陛下的騎士很多，但能成為好友盾牌的只有我了。

請快點撤退！
我知道了！
羅蘭大人！
我們也一起殿後！
這樣啊，願意跟我
一起戰死嗎？
以聖丹尼*
之名！
進攻！
喔喔喔喔喔

居然敢反過來進攻，真是有趣！
把裝備和馬車當成盾牌！
法蘭克的入侵者！
我們沒有加害你們的打算！
說是這麼說，但只要找到機會就會攻擊我們！
法蘭克人都是混蛋，我們不會和撒克遜人一樣上當！
鏗
鏗

奇襲成功了！我們幾乎沒有傷亡。
沒想到會這麼棘手……

快撤退！這裡不宜久留！
唰
喀

你叫什麼？
布列塔尼的……羅蘭。

奧德……再也……看不到你的笑容了。

令人敬佩的鬥志。

隆塞斯瓦耶斯隘口一役成為傳說，也是知名英雄史詩《羅蘭之歌》*1的來源。
但史詩敘述和實際戰役有出入，敵人有十萬名之多，且是伊斯蘭軍隊。

查理曼和擔任布列塔尼邊區總督*2的羅蘭都是實際存在的人物*3，奧利佛和奧德卻無法證實是否存在過。

西元800年
圖爾

你長大不少啊。
呵呵

看來我在您眼中永遠都是孩子啊。

艾因哈德過得好嗎？
他為了寫父親的傳記，不斷地在蒐集資料。

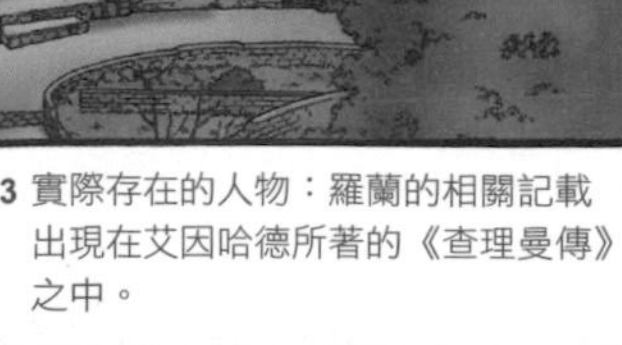
*3 實際存在的人物：羅蘭的相關記載出現在艾因哈德所著的《查理曼傳》之中。

小知識

據說畫家和軍人都愛戴的圓扁、無帽簷的貝雷帽，原是巴斯克地區農民的傳統帽飾，後來才漸漸普及。

我準備和父親一同前往羅馬參加聖誕節的彌撒。
您能和我們同行嗎？

我年紀大了，不適合長途跋涉。
沒辦法啊……

請多提防教宗，那位教宗正在利用陛下。
不過是場彌撒。

但願真是如此。

我會和父親說，您希望他多點提防。

下雪了。

是啊。

阿爾坤的忠告未能傳給查理曼。一場大雪，讓路易一世趕不上彌撒。

哇啊

哇啊

西元800年12月25日
羅馬

準備進入羅馬的查理曼一行人，由李奧三世親自出城相迎。

請等一下。

我沒想到歡迎的儀式如此盛大。

小知識

梵蒂岡的聖彼得大教堂是耶穌十二門徒之首的彼得安息之地，彼得對於基督教的發展非常盡心盡力。

*2 凱旋將軍：源自拉丁語中「命令權」的意思，原指戰勝的將軍，後成為羅馬皇帝的稱號。

*1 奧古斯都：拉丁語中「最尊貴、神聖的人」的意思，是古羅馬首位皇帝屋大維採用的頭銜。

看啊！神賜下冠冕給尊貴的奧古斯都*1──為羅馬帶來偉大與和平的凱旋將軍*2。

哇啊

聖潔的查理曼！

哇啊

從神的手中接下冠冕，帶來偉大與和平的羅馬皇帝！

哇啊
哇啊
這就是知名的「查理曼加冕」。據說查理曼告訴艾因哈德，如果早知道教宗的主意，就不會參加這場彌撒。

李奧三世為了對抗對立的拜占庭皇帝，所以在羅馬擁立一位新皇帝，且親自為皇帝加冕，以彰顯皇帝權力在教會之下。
拜占庭皇帝 伊琳娜*3

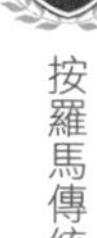
小知識

按羅馬傳統，是先接受民眾歡呼才接下皇冠，因此順序相反也是查理曼心生不滿的原因之一。

查理「大帝」嗎？令人費解。
陛下也是這樣抱怨。

話說回來，這個國家變得強大了，皇帝稱號遲早都需要吧。

父親又去地方上視察，明明是該考慮身體的年紀了。
歲月無法阻止陛下前進的。光是活著，就已經成為傳說了。

羅蘭、奧利佛，
寡人是否報答了為國
獻身的你們呢？

西元814年查理曼辭世。
路易一世因為上面兩位兄長
亡故，所以登上皇帝之位。

路易一世死後，西元843年
其子洛泰爾一世[*1]、路易二
世[*2]、查理二世[*3]三個人三
分領土（凡爾登條約）。

路易二世
（東法蘭克王國）
洛泰爾一世
（中法蘭克王國）
查理二世
（西法蘭克王國）
教宗國

於是中法蘭克、東法蘭克、
西法蘭克三個王國誕生。

洛泰爾一世死後，西元870年，
除了義大利半島之外，中法蘭克王國
的領土被東西法蘭克王分據（墨爾森
條約），形成現今義大利、德國和法
國的國家雛型。

*1 洛泰爾一世：法蘭克國王（在位期間西元840～843年），中法蘭克國王（在位期間西元843～855年）、西羅馬帝國皇帝（在位期間西元840～855年）。 *2 路易二世：東法蘭克國王（在位期間西元843～876年）。 *3 查理二世：西法蘭克國王（在位期間西元843～877年）、西羅馬帝國皇帝（在位期間西元875～877年）。

*4 丹麥人：北日耳曼分支的諾曼人，英國人稱為丹麥人（Danes），法國人稱為諾曼人（Normans），又稱維京人。西元8～11世紀，從丹麥入侵英格蘭。 *5 阿爾弗雷德大帝：英格蘭國王（在位期間西元871～899年）。

之後西法蘭克的領土被來自北方的丹麥人*4入侵，王權也日漸衰微。

位於海峽另一端的英格蘭阿爾弗雷德大帝*5則成功擊退丹麥人。
英格蘭
阿爾弗雷德大帝

哈斯丁
多佛海峽
巴黎
諾曼第
不久之後，西法蘭克的查理三世*6將巴黎北海岸的土地賜給丹麥人領袖羅洛*7，並任命他為諾曼第公爵。
羅洛（諾曼第公爵）
查理三世

羅洛的子孫威廉*8於西元1066年渡過多佛海峽進攻英格蘭，在哈斯丁*9擊敗英格蘭國王哈羅德二世*10，建立了諾曼王朝*11。
哈羅德二世
威廉

威廉在倫敦西敏寺舉行加冕儀式後，就此被稱為威廉一世（征服者威廉）。

*6 查理三世：西法蘭克國王（在位期間西元893～922年）。 *7 羅洛（約西元860～933年）：挪威諾曼人在諾曼第的領袖。 *8 威廉：諾曼第公爵，也是英格蘭諾曼王朝的首任國王威廉一世（在位期間西元1066～1087年）。 *9 哈斯丁：或譯黑斯廷斯。 *10 哈羅德二世：英格蘭國王（在位期間西元1066年）。 *11 諾曼王朝：威廉一世創立的英格蘭王國王朝（西元1066～1154年）。

4 拜占庭帝國的繁榮

貝利薩留
狄奧多拉
查士丁尼
自西羅馬帝國滅亡後的五十年，定都於君士坦丁堡的拜占庭帝國（東羅馬帝國）仍持續繁榮。在那裡，有位想要恢復羅馬往日榮光的男子。

*1 君士坦丁大帝：羅馬帝國的皇帝（在位期間西元306～337年）。統一帝國後，發展出封建制度（見35頁）。

西元313年，羅馬皇帝君士坦丁大帝*1承認帝國內的基督教合法化之後，
君士坦丁
除了神之外不承認任何權威的基督教開始產生變化。

過去被迫害的聖職者與門徒，站在迫害其他宗教的立場，

成為支持羅馬皇帝絕對權力的道具。

小知識
相傳君士坦丁堡是西元前7世紀希臘人拜占斯所建立的殖民都市拜占庭，自從被君士坦丁定為羅馬帝國首都後，改名為君士坦丁堡。

當西歐因為日耳曼人的入侵而變得一片混亂時，

東哥德王國
西哥德王國
君士坦丁堡
拜占庭帝國（東羅馬帝國）
汪達爾王國

反觀拜占庭帝國*2（東羅馬帝國）的首都君士坦丁堡*3，

*2 拜占庭帝國：源自君士坦丁堡的舊名拜占庭，東羅馬帝國也稱拜占庭帝國。
*3 君士坦丁堡：現今土耳其的都市伊斯坦堡。

*1 狄奧多拉（約西元497～548年）。　*2 元老院：為皇帝提供政治建議與意見的機構。
*3 查士丁尼：拜占庭帝國皇帝（在位期間西元527～565年）。

小知識

西元1923年土耳其革命後，土耳其共和國的首都從伊斯坦堡遷至安卡拉，但在歐洲的伊斯坦堡至今仍是土耳其最大、最繁榮的都市。

市民以配給的食物（麵包）果腹，

圓形競技場舉辦的戰車競賽是餘興節目，
市民享受著和五賢帝時代相同的羅馬榮光。

君士坦丁堡

狄奧多拉。
狄奧多拉！

嗯？
狄奧多拉*1

有何貴幹，元老院*2議員大人？
呼呼呼呼…

沒事，剛好碰見你，想和你說說話而已。
查士丁尼*3

查士丁尼皇帝原是巴爾幹半島上的農民之子。
黑海
巴爾幹半島
君士坦丁堡
在農村長大的他，拜託曾是軍人的舅舅帶他到首都，之後受舅舅喜愛成為養子。

舅舅好不容易登基後，因為年事已高，便由查士丁尼一手包辦政務。
查士丁一世*4
（查士丁尼的舅舅）

你還記得我。
我說過不會忘記坐在第一排看我跳舞的客人長相。你的名字是……

查士丁尼。

要吃嗎？
查士丁尼大人。
啊、好啊。

小知識

狄奧多拉的老家是附屬於君士坦丁堡大競技場的表演小屋，父親是馴獸師。由於她從事羅馬人眼中低下的舞孃行業，遭人歧視。

*4 查士丁一世：拜占庭帝國皇帝（在位期間西元518～527年）。農民出身，後被拔擢為近衛司令官，得到元老院和軍隊支持而成為皇帝。

小知識

狄奧多拉不只在君士坦丁堡表演舞蹈，還在埃及的亞歷山卓、敘利亞的安提阿表演。

狄奧多拉在首都是無人不知的舞孃，
她演出的喜劇和舞蹈受到眾人青睞。

只是不可能每個人都喜歡狄奧多拉，
基督教的聖職者就認為狄奧多拉是招致墮落的惡魔、汙穢的存在。

你是大人物吧？
誰知道呢？

聽好，我「不是」了不起的人物，別對我這種人展開追求。

這裡就是我家。

微笑

砰！

唉～

他又來了。
誰？
你看他陷入情海的樣子。
哼！添麻煩而已。
其他男子想一親芳澤時，你都會讓他們誤會後再撈點好處，為什麼唯獨對他這麼冷淡啊？
祕密。
噠
啪啪啪啪
歹偢

小知識

據說查士丁一世是目不識丁的文盲，連簽署文件也辦不到，所以簽名時只能將一塊鏤空「LEGI（寡人已讀）」四個字的小木板放在文件上，再依照鏤空的形狀描寫。

要來劇場看表演
可以，但別說什麼
對我著迷喔。

你打算剝奪元老院
議員的發言權嗎？
氣

飛踢
咚咚咚咚
啊哈哈哈哈哈
呵呵…

晚上回家的路上危險，我還記得你家在哪，我送你一程。
……

你真是學不乖。老實說，我很困擾。
我們的身分根本不同。

要說身分的話，我也只是農民，不是貴族。

是嗎？
不過，我有自信是一個虔誠的基督徒。

聽說你的學問不錯。
我還聽說現在的皇帝不會寫字，真的嗎？

是啊，不過這可是國家機密喔！

真是怪人。

小知識

君士坦丁堡以堅固的城牆聞名，千年以來將許多外敵擋在牆外。這道建於西元5世紀，從北方金角灣綿延至南方馬爾馬拉海的城牆共有7公里長，並以建造的皇帝起名為「狄奧多西城牆」。

砰砰

嘰……

又是你？
今天天氣不錯，有個東西一定要讓你瞧瞧。

等、等一下！
抓緊

我是公眾人物，怎麼可以沒化妝就出門！你太誇張了！
啪啪
抓抓

沒關係，
這樣也很美！
真是的，和你在
一起很倒楣！

我就知道那個女的
會被逮捕。
不曉得做了
什麼事？
該不會死刑吧？

小知識
拜占庭帝國是後人取的名字，當時的人稱自己的國家為「羅馬帝國」，也認為自己是羅馬人。

好美！

沒想到能從這個
地方俯瞰鎮上。
能如此眺望是皇帝
外甥的特權喔。

我想把君士坦丁堡打造成
偉大的基督教都城。

小知識

查士丁尼的功績之一是讓養蠶業普及拜占庭帝國。絹是中國的特產，原料是繭，但製作繭的蠶卵禁止出口。而查士丁尼似乎命人偷帶出來，之後絹也成為拜占庭帝國的特產。

我討厭基督教的神父和修道士。
他們到處散播謠言，把我們這種女子說得很墮落，害我沒辦法好好招呼客人，甚至還被人丟過石頭。

有些人以為責備他人是行正義之事，
然而這些人不一定是聖潔的人。

我實在很愛這座都城。
我曾想放棄這種生活離開這裡，結果還是回來了。

我總有一天會成為皇帝，希望能得到像你這樣了解民間大小事的人的忠告。

我、我知道了，你對我不是那種喜歡的感情。

如果是這點事，我會幫你的。我身邊有很多不助人就渾身難受的人喔。

我很感謝你願意
幫助，但我不記得
說過不喜歡你。
推開
住手！大人物怎
麼可以和我這種
女子在一起！
能對我的作為直言
相諫的只有皇帝而已。
可是，你怎樣也
不會和我這種人
長相廝守！
試試看才知道。
身邊的人一定會
反對。
我早就有覺悟了。

小知識

查士丁尼為了奪回羅馬帝國的舊有領土而廣籌軍費，新增各種稅目，其中有種稅名為「空中稅」，主要的課徵對象是住在高層住宅的人民。這類事情是造成民眾不滿情緒日漸高漲的原因之一。

亂抓
啊！我已經搞不清楚自己了。
我明明早就決定不可以愛上你的！
一如預期，兩人的關係備受批評，
但查士丁尼不惜推翻舞孃不能和元老院議員結婚的法律，硬是娶狄奧多拉為妻。
緊接著——
西元527年，查士丁尼登基為皇帝。
查士丁尼
狄奧多拉

小
知識

狄奧多拉皇后除了
招待外國使節，
還推出許多政策來拯救遭遇
不幸的女性，非常活躍。

狄奧多拉和查士丁
尼像一心同體般的
存在，

讓許多人對女性站
在政治第一線這件
事很眼紅。
行禮

慌慌張張
但這些人只敢在私
下批評狄奧多拉。

即便是在政事上，查士丁尼也極度信賴狄奧多拉，甚至連《民法大全》都是由查士丁尼與狄奧多拉一同連署簽名。

小知識

羅馬的戰車競技是以馬來拉戰車。由於在橢圓形的競技場競速，要在兩端急轉彎需要高超的技巧，偶爾會有選手因事故喪命。比賽隊伍分成藍、白、紅、綠四隊，各自有狂熱的助威團。

緊接著，
西元532年，

喔
喔
喔

砰

市民之間的打鬥
出現了死者，
噠
噠

引起騷動的兩名男子
立刻被逮捕。

但這兩名男子從刑場
逃脫，躲進教會避難。

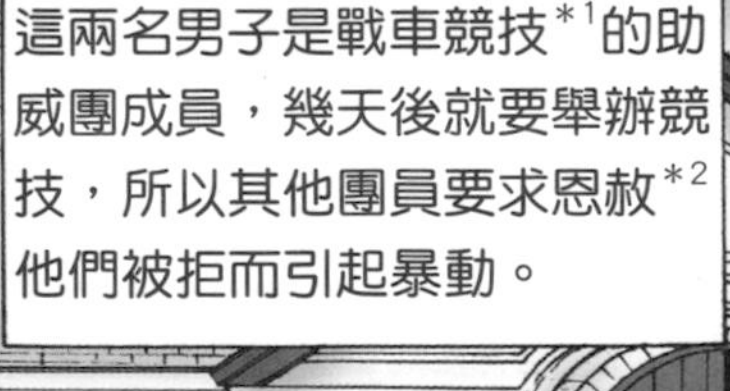
這兩名男子是戰車競技*1的助
威團成員，幾天後就要舉辦競
技，所以其他團員要求恩赦*2
他們被拒而引起暴動。

*1 戰車競技：用2～6頭馬拉車的二輪車競速比賽。

*2 恩赦：免除或減輕犯罪者的罪行。

*3 尼卡：參與暴動市民的口號，希臘語「勝利」的意思。

不久後，稱為尼卡之亂的大暴動爆發。

他們有什麼要求？

這……
我不清楚。

這就是暴動。他們要求的既非正義也非自由，只是藉機訴求不滿。

一下要求課徵重稅的財務長官下臺，一下要求皇帝陛下退位，已經不知道最初的目的是什麼了。

君士坦丁堡的宮殿和圓形競技場緊緊相鄰，皇帝可直接前往競技場。

*1 編纂法典：編纂意指從各種法律相關典籍取材、整理，集結成冊。查士丁尼一共編纂了四部羅馬法典。西元12世紀後，統整為《民法大全》。　*2 波斯：薩珊波斯帝國。

小知識

查士丁尼為了奪回西羅馬帝國的領土而發兵，和東方的薩珊波斯帝國也發生激烈衝突，但卻陷入苦戰，也因此失去了敘利亞的安提阿。

我不斷修法、編纂法典*1，讓國家遠離波斯*2威脅，還讓異教徒改信基督教。

寡人這麼努力，就是希望羅馬回到東西分裂之前的偉大。

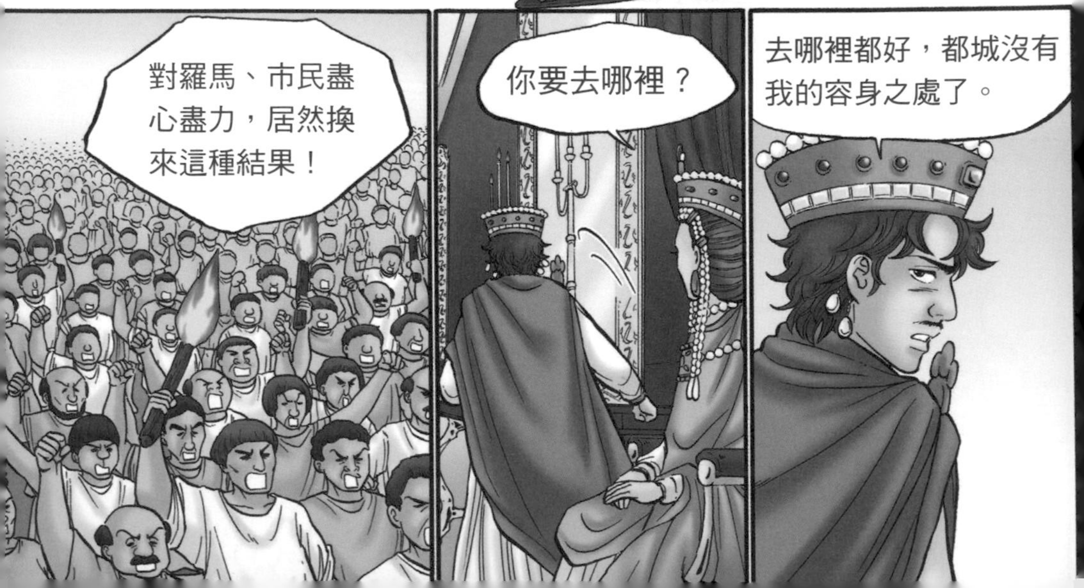

對羅馬、市民盡心盡力，居然換來這種結果！

你要去哪裡？

去哪裡都好，都城沒有我的容身之處了。

不准走！

現在是你該有所做為的時候，怎麼可以躲起來。

狄奧多拉……

我是皇后，這是我的都城，比性命還重要的地方！

我絕對不會逃跑！

啊哈哈哈
真不愧是我
心愛的皇后。
貝利薩留將軍*1。
在！
我不打算逃跑了，
給我鎮壓那些暴徒。
遵命。
貝利薩留
嘰

*2 敕命：皇帝的命令。

小知識

皇帝下達敕命*2！所有人立刻回家！

否則……
高舉

是貝利薩留！
唰
擊敗波斯的英雄為什麼會這樣！

不用對想燒毀都城的亂民有半點仁慈！
唰

其中許多人沒什麼不滿，只是被人拉進暴民的行列裡。
不過代價實在太大，據說有三萬人因此喪命。

日後拜占庭帝國為了替皇帝選妃，舉辦全國性的選美大會。不論家世高低、財產多寡，只要住在帝國內的美麗女性，都有機會成為皇妃。

*1 聖索菲亞大教堂：查士丁尼重建的拜占庭建築傑作。在西元15世紀鄂圖曼帝國統治下成為清真寺，現今則是博物館。

小知識

重建聖索菲亞大教堂時，查士丁尼希望拓寬教堂腹地，建得更加雄偉，但有人不論補償金多少都拒絕搬遷，於是查士丁尼以「你死後可以葬在這座教堂裡」說服對方。

辛苦了。
不容許任何叛亂的決定，使拜占庭皇帝成為不許任何違逆的獨裁君主。
查士丁尼重建在尼卡之亂燒毀的聖索菲亞大教堂*1。

在大教堂落成儀式上，你好像說了「所羅門*2啊，我更勝於你」這句話？

現在回想起來，覺得有點不好意思。

但這樣看著，就覺得這裡一定比所羅門王的神殿更豪華。

我指的不是大教堂，我的意思是比起所羅門，我擁有更優秀的皇后。

*2 所羅門：希伯來王國的第三代國王（在位期間約西元前960～前922年）。在耶路撒冷興建了大神殿與宮殿。

*3 李奧三世：拜占庭帝國皇帝（在位期間西元717～741年），或譯利奧三世。擊退伍麥葉王朝的軍隊。
*4 希臘火：一種火器，使用可燃性物質噴出火焰。遇水仍可持續燃燒，是當時拜占庭帝國的超級祕密武器。

傻瓜……

不管看幾遍都覺得好美……我有成為你的賢內助嗎？
豈止是賢內助，你是拜占庭的救世主。

尼卡之亂約180年後，
拜占庭帝國遭受從東方入侵的新敵人攻擊。

當時的皇帝李奧三世*3，

以堅固的城牆和希臘火*4擊退大軍壓境的伊斯蘭軍隊，守護帝國的每一寸土地。

西歐此時誕生了許多王國，但拜占庭帝國冷眼旁觀西歐的變遷，
直到西元1453年聽見文藝復興運動的腳步聲之前，帝國命脈都得以延續。

小知識

一般認為，希臘火的成分為生石灰、松脂、硫黃、石油，放入壺中再投擲或用幫浦噴射燒毀敵人，除了有利於海戰，陸戰上的運用也很普遍。

5
羅馬天主教會的發展
一手掌握中世紀歐洲社
的是基督教。自稱「神
代理人」的教宗權威超
了宗教範圍，凌駕於皇
與國王的權力之上
阿德索
格列哥里七世
亨利四世
瑪蒂爾達

*1 沃姆斯：位於德國西部萊茵河中游的都市。

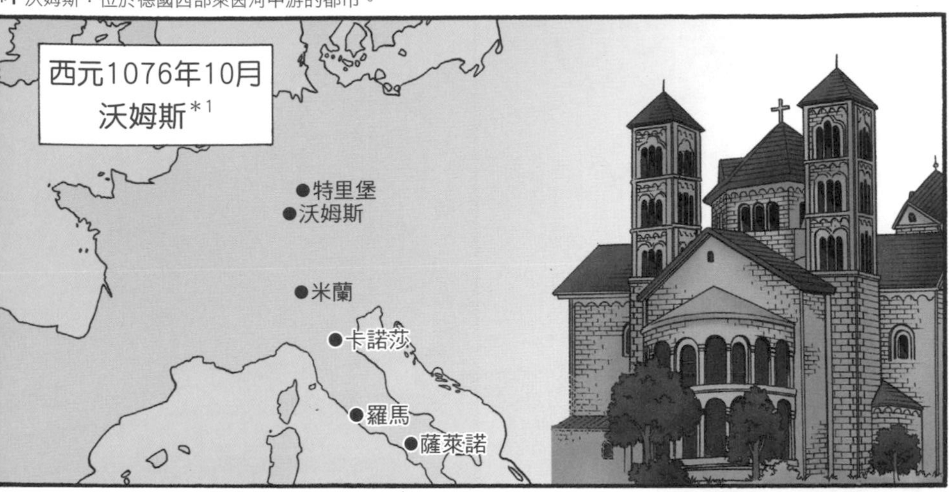

西元1076年10月
沃姆斯[*1]
特里堡
沃姆斯
米蘭
卡諾莎
羅馬
薩萊諾

皇帝陛下，
教宗的動作比預期
來得快。
亨利四世[*2]
諸侯和聖職者們都
開始動搖了。

格列哥里七世[*3]
我們決定在一月
逼那傢伙退位。
二月中那傢伙就
利用教宗宣言把
我開除教籍。
之所以覺得他動
作快，是我們太
遲鈍了。

小知識

「開除教籍」指的是將相信基督教異端（非正統教義）的信徒與信眾，排除在信徒共同體之外的宣告。教宗將國王開除教籍，意味著臣子不再需要對國王宣誓忠誠，實際上等於架空王位。

*2 亨利四世：神聖羅馬帝國皇帝（在位期間西元1056～1106年）。或譯海因里希四世。

*3 格列哥里七世：羅馬教宗（在位期間西元1073～1085年），義大利人。或譯額我略七世。

*1 路易四世：東法蘭克王國加洛林王朝最後的國王（在位期間西元899～911年）。或譯路德維希四世。

咚！

早知道在要求退位的同時，就派軍隊包圍羅馬。

西元911年

東法蘭克王國

西法蘭克王國

義大利

路易四世[*1]

東法蘭克王國在路易四世過世後，加洛林王朝的血脈斷絕，於是建立從各地諸侯間選出下任國王的制度。

西元962年，東法蘭克國王奧托一世[*2]從教宗若望十二世[*3]手中接下皇冠，成為神聖羅馬帝國的第一位皇帝。

若望十二世
奧托一世

教宗的力量在西歐逐漸衰微[*4]，各地教會對羅馬教廷不抱任何希望。

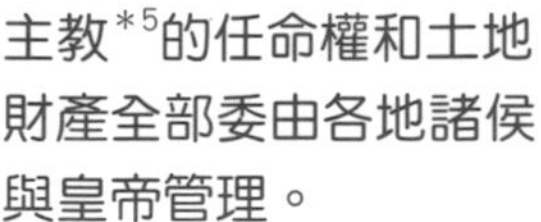
主教[*5]的任命權和土地財產全部委由各地諸侯與皇帝管理。

羅馬教廷的紀律除了因娶妻而紊亂，還出現販賣聖職的事。

*2 奧托一世：或譯鄂圖一世。德意志國王（在位期間西元936～973年）。神聖羅馬帝國第一位皇帝（在位期間西元962～973年）。　*3 若望十二世：羅馬教宗（在位期間西元955～963年）。出身於義大利托斯卡尼的貴族。
*4 各國王權擴張導致教宗的力量衰退。

教宗數次想改革教會，
都被反對派趕下臺。

此時挺身而出的是格列哥里七世。他原本是克呂尼修道院*6的修士，胸懷清廉，意志力也非常堅定。

格列哥里七世履次禁止聖職的買賣與聖職者娶妻，也宣布擺脫皇帝的統治。

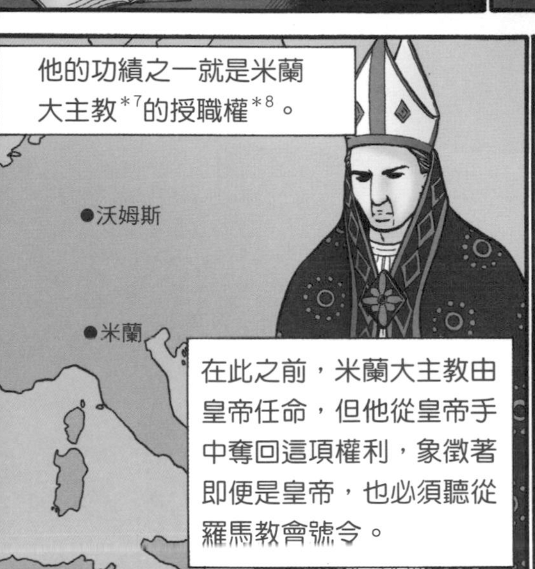
他的功績之一就是米蘭大主教*7的授職權*8。
沃姆斯
米蘭
在此之前，米蘭大主教由皇帝任命，但他從皇帝手中奪回這項權利，象徵著即便是皇帝，也必須聽從羅馬教會號令。

年輕的皇帝亨利四世因此震怒。
亨利四世譴責格列哥里七世的作為，邀請諸侯和聖職者來沃姆斯召開國會，決定要格列哥里七世退位。

說我是掠奪者？
格列哥里七世

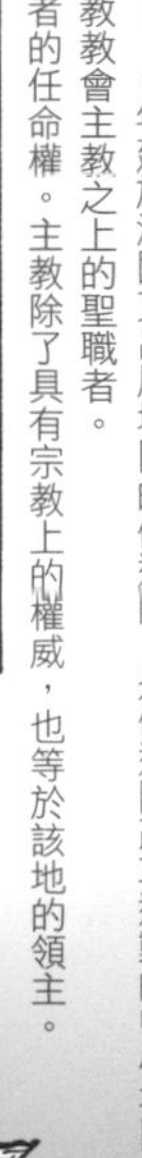
*6 克呂尼修道院：西元910年建於法國克呂尼地區的修道院，是修道院改革運動的中心地區。
*7 大主教：在羅馬天主教教會主教之上的聖職者。
*8 授職權：指高階聖職者的任命權。主教除了具有宗教上的權威，也等於該地的領主。

小知識

亨利四世年僅三歲就即位為德意志國王，也因其父亨利三世去世，六歲就成為神聖羅馬帝國的皇帝。

皇帝說，沒有皇帝的同意就出任教宗寶座，這不是掠奪者，什麼才是掠奪者？

那個用錢將主教職位賜給墮落教士的人說的嗎？

陛下吩咐我這麼傳達。
「他會親手把你拉下教宗寶座，讓你一嘗屈辱的滋味。」
啪

要一嘗屈辱的是亨利你這傢伙！
啪
啪

給我拿剃刀來！
可是……

不可以殺人！
這麼做，神不會原諒你的！
哎呀呀呀！

在當時，男人被剃掉鬍子是一種莫大的屈辱。

格列哥里七世不僅剃掉使者的鬍子，還對使者做出更殘酷的事。

面對亨利四世的威脅，格列哥里七世的反應相當迅速。二月就對皇帝下達開除教籍的懲罰。

開除教籍對基督教教徒而言是難以忍受的事，被開除教籍的人將被剝奪所有財產、名譽和地位。

小知識

神聖羅馬帝國是德意志國王與「神聖的」羅馬天主教教會聯手，使之復活的古羅馬基督教帝國，自西元962年奧托一世從若望十二世手中接下皇冠的那一刻起，延續到西元1806年法蘭茲二世時被法國拿破崙一世解散為止。

小知識

西元11世紀非常流行買賣主教一職，聖職者也可娶妻生子，因此克呂尼修道院才會發動改革運動。他們的口號是「祈禱、勞動」，以重建修道院精神為目的。

*1 特里堡：位於沃姆斯北部的都市。

要讓那個虛有其表的修士閉嘴，
得讓他先看看帝國內諸侯和聖職者的團結。

特里堡*1
因為亨利四世被開除教籍，諸侯們在特里堡召開會議。

皇帝被開除教籍了！
不能再命令我們。
咚
士瓦本*2公爵魯道夫*3

士瓦本公爵魯道夫一直覬覦皇帝寶座。
事情演變成亨利四世被開除教籍後，魯道夫的野心再也沒有任何阻礙。

可是不聽命於皇帝陛下，阻止羅馬教會的恣意妄為，我們的財產、土地和自由就會被奪走！

事情不一定會這樣吧？我們可不像陛下和你這麼畏懼教會。
再怎麼說，我們是更清高的基督徒。
……
諸侯和聖職者分成教宗派和皇帝派。

*2 士瓦本：德國西南部萊茵河、多瑙河上流地區。

*3 魯道夫：由教宗格列哥里七世任命和亨利四世敵對的神聖羅馬帝國皇帝（在位期間西元1077～1080年）。

*4 奧格斯堡：位於德國南部、巴伐利亞西南的都市。

小知識

神聖羅馬帝國的士兵為了在戰場活躍，會在盔甲加上旗幟與紋章。日本戰國時代的武士也很流行在盔甲加上奇特的裝飾物，但目的只是為了在戰場上更引人注目與樹立權威。

爭議到最後，雙方彼此妥協，做出要亨利四世退位的決議。
且決定如果亨利四世被開除教籍的懲罰取消，這個決議就失效。

決議的期限為隔年二月。
直到格列哥里七世主導的奧格斯堡*4會議之前。

亨利四世被迫為了開除教籍這件事低頭認錯。

否則，魯道夫就會成為皇帝嗎？

為了求得格列哥里七世的原諒，亨利四世帶著家人和數名隨從前往義大利。
不過，亨利四世的支持者卻逐漸加入行列，

*1 卡諾莎：義大利艾米利亞-羅馬涅大區中的村莊。

小知識

亨利四世和瑪蒂爾達為表姊弟關係，但瑪蒂爾達是教宗的支持者。在受到亨利四世請託後，成為亨利四世與格列哥里七世之間的橋梁，促成亨利四世與格列哥里七世的會面。

在前往奧格斯堡途中，到達格列哥里七世歇腳的卡諾莎*1時，已成為──
奧格斯堡
卡諾莎
羅馬

聲勢浩大的軍隊。

卡諾莎屬於托斯卡尼女伯爵瑪蒂爾達*2的城堡，當時克呂尼修道院院長雨格也在當地停留。
瑪蒂爾達
雨格

這位年輕人是──
阿德索
服事雨格的修士。

院長
砰

*2 瑪蒂爾達（約西元1046～1115年）：在北義大利擁有廣大的領地，支持教宗格列哥里七世。

冷靜點，阿德索。
發生什麼事了？
皇帝陛下到了！

被諸侯背叛後，前
來尋求原諒的吧？

那、那股氣勢，
怎麼也不像是要
來謝罪的！

的確，看不出是
來請罪的。

真傲慢。
如果真要打仗，
我也有對策。

不先聽聽看，怎麼知道
他們要說什麼呢。

請去問問皇帝陛下
的用意為何。
我、我去嗎？

我會為你
祈禱的。

小知識

修士必須遵守「清貧（沒有財產）」、「貞潔（不結婚）」、「服從（遵循領導者）」這三大戒律。此外，立誓前必須先在修道院生活一年。若是獲准在眾人面前立誓，即可剃掉頭頂的頭髮，成為真正的修士。

小知識

西元1896年，特普拉修道院於日本北海道創立「燈臺的聖母修道院」，修士遵守著嚴格的戒律，且不斷地投身於慈善事業。由修道院製作的奶油和餅乾已成為北海道名產。

院長真狡猾，把這個燙手山芋丟給我。
有教宗大人和瑪蒂爾達伯爵當靠山，應該不會被拒絕吧。
嘰……

呃……皇、皇帝陛下是……

瞪

教宗的使者嗎？

是、是、是、是！
寡人就是亨利，不用那麼驚慌。

寡人以一名虔誠基督徒的身分前來尋求原諒。請務必如此向格列哥里七世傳達。

小知識

中世紀的歐洲會將常吃的蔬菜，例如高麗菜、菠菜、蠶豆、豌豆、瓜類做成蔬菜湯；麵包則以裸麥、大麥、燕麥製的黑麵包為主，很少吃得到以小麥做的白麵包。

……以上，
事情就是這樣。

可惡，一隻披著羊皮的狼！

話說回來，對方好歹表現了恭順的態度，太不寬容也說不過去。
開除教籍是不能輕易取消的懲罰！
對方有說，
若不取消懲罰就要攻進城裡嗎？
沒有。
陛下只說會靜靜地等待取消懲罰。

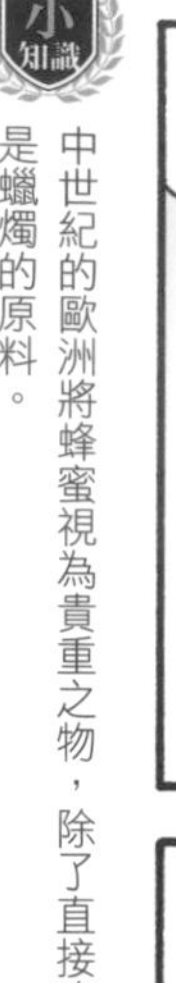

小知識

中世紀的歐洲將蜂蜜視為貴重之物，除了直接吃，還會釀成酒。此外，從蜂巢刮下來的蜜臘也是蠟燭的原料。

這種說法豈不是幾分真心、幾分試探。
告訴那傢伙！要他證明他的所言不假！
又、又是我嗎？

除了你，還有別人能擔此重任嗎？
我去去就回！

劈劈啪啪

這樣嗎……

喀

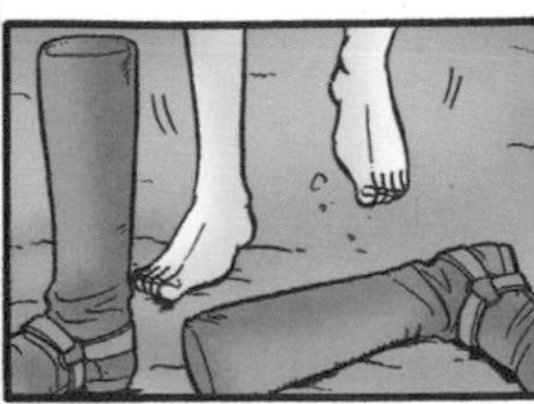

小知識

當時，一天只吃兩餐，雖然有湯匙和餐刀，但尚未使用叉子。

咻
咻咻咻
咻
陛下命軍隊後退，
一個人站在那裡已經
一整天了。
……
噠
喀
喳

您應該很冷吧，請用這個。
你是修士吧。

你的好意我心領了。

陛下一直很討厭教宗，現在為什麼要這麼做呢？

被開除教籍以來，皇帝權威開始動搖，諸侯的欲望也表露無遺。

為此將有更多人受傷，也會有更多人陷入悲傷，寡人必須阻止這些事情發生。

我不是為了好勝心與名譽站在這裡的。

小知識

修士之所以要剃掉頭頂的頭髮，據說是為了以髮型代表基督耶穌被釘在十字架上時，頭上帶的荊棘冠冕。

陛下的心裡掛念著百姓，
教宗也是為了民眾，才一直努力改革腐敗的教會。
你們兩位的心情一定很相似吧。
你是說不聽他人意見、我行我素這點嗎？

為什麼要反對教宗呢？聽說很多人用錢買帝國的教會司鐸*1這個位子，
放逐腐敗的聖職者，將謹守教義的人送入教會……哪裡不對呢？
如果是教宗能管轄的領地，這樣的確不錯。

不過，我們挑選的聖職者並非每位都腐敗，從羅馬派遣的主教，對該土地一無所知，

卻在不了解當地居民的生活下，硬將自己的想法加諸在百姓身上。

比起這種人，我們更希望跟隨我們認同的聖職者。這又有什麼不對呢？

……

*1 司鐸：羅馬天主教教會的聖職者，負責舉行儀式和布道。

*2 奧古斯丁（西元354～430年）：古代基督教中最著名的教父（由教會認可的神學者）。生於北非，對天主教教義的確立有極大貢獻。著有《上帝之城》、《懺悔錄》、《論三位一體》與其他著作。

小
知識

這時期全歐洲最古老的大學——波隆納大學在義大利誕生。據說西元10世紀，此處原是法律學校，許多學生從歐洲各地來修習法學，之後又以醫學聞名。

另外，教宗嚴正指出聖職者不可結婚，可是男女相愛不是天經地義的嗎？
國王、農民、聖職者都是這樣。

可是，根據奧古斯丁*2主教的說法……
奧古斯丁

以淫穢的心、充滿欲望的眼神迷戀女性，是極為汙穢的事。

你不曾愛慕任何女性嗎？
呃……這……

也不是沒有……

你還真老實，我很中意你。

如果是你這種懂得人心的人當主教，我國非常歡迎。

羅馬天主教會的羅馬教宗，被認為是耶穌十二門徒之首的彼得的繼承人。《聖經》記載耶穌要彼得將信徒們導至正途，後繼的教宗才被認為是基督的代理人。

砰

完全被說服了……

地上的君王不需要兩個人，站在頂點的人一定得是神的代理人。

然而身為神的代理人的我，居然被那個男人輕蔑！

不把那個男人從皇位上拉下來，教會就不會有未來！

可是皇帝陛下已經站在那裡三天了。
如果就這樣凍死，可能會造成瑪蒂爾達大人的困擾。是不是該撤銷開除教籍的懲處呢？
你也覺得該打開關住狼的門嗎？

看他的態度，我覺得是真的在反省。
真是婦人之仁，只看到事情表面。
！
住手，阿德索。
如果皇帝的身體出了什麼事，
集結的貴族和騎士們不會善罷干休，
您也會大禍臨頭。
啪
我也請您重新考慮。

這絕對是大錯特錯
的一步。
嘰……
這就是後世稱為「卡
諾莎之辱」事件，也
是教宗和皇帝間兵不
血刃的戰爭。

而這場戰爭的
勝者是——

亨利四世。

開除教籍之罪被撤銷，
身為皇帝的正當性也被
認同後，亨利四世展開
積極行動。

魯道夫果然
輸了吧。

小知識

魯道夫被擊敗後，亨利四世的軍隊立刻包圍教宗格列哥里七世所在的羅馬聖天使城堡。教宗雖被位於南義大利的諾曼人軍隊救出，羅馬卻被諾曼人大肆掠奪。

小知識

相對於正式就任的教宗，以其他手段自稱教宗的人就稱為「對立教宗」。從西元3世紀開始到15世紀為止，至少出現三十位對立教宗，之後就不曾再出現。

*1 西元1080年，亨利四世再次被開除教籍。

亨利四世希望教宗以違反皇帝和教會權威之名，將魯道夫開除教籍。

格列哥里七世卻以再次將亨利四世開除教籍*1作為回應。

不過亨利四世不為所動，因為諸侯和國民已經知道，開除教籍的懲罰可以隨聖職者的心情加諸或取消，是無足輕重的責罰。

諸侯們竟選出和格列哥里七世對抗的克勉三世*2，一舉擊潰魯道夫的勢力，同時率軍衝入羅馬。
克勉三世
教宗曾說希望教會理想能和世俗權力一刀兩斷。
不過，教宗實在太恨亨利四世，才會請士瓦本公爵魯道夫助一臂之力。

*2 克勉三世：被稱為對立教宗（不具正當性的教宗），或譯克雷芒三世。

教宗您似乎也拋棄了
自己的信念。

寬容才招致此次
的敗北吧。
您還在提那件事！

應該攜手合作
才對吧！
只要合作，說不定能
建造合乎所有人心意
的羅馬教會！

別說了，年輕人。
我現在才知道，誰都滿意的
教會不可能出現在這世上。

那是屬於神的
東西。
我們最多只能建造
讓多數人懷抱著同
等不滿的教會。

這也不算是
認輸吧。

主耶穌雖然被釘在
十字架上，但祂的
教誨卻在世上施行。

小知識

據說中世紀時，聖天使城堡與梵蒂岡之間有地道相連，現今則是展示美術品與古代兵器的博物館。

調查格列哥里七世的骸骨後發現，他的身形雖不高大，體格卻很紮實健壯。

……
這樣啊。

但至少我站在主的面前，
敢毫無愧疚地挺起胸膛。

感謝你一直以來
的跟隨，

請回修道院去吧。

不久，格列哥里七世被
亨利四世趕出羅馬，並
於薩萊諾*1辭世。

●羅馬
●薩萊諾

*1 薩萊諾：義大利南部坎帕尼亞大區的都市

*2 英諾森三世（約西元1160～1216年）：羅馬教宗（在位期間西元1198～1216年）。於義大利出生，是中世紀權力最高的教宗。　*3 第四次十字軍東征：西元1202～1204年進行的遠征。

小知識

英諾森三世是中世紀權力最強大的教宗，對各國國王也有極為強烈的影響力。他曾比喻「教宗是太陽，皇帝是月亮」，意指教宗的權力凌駕於國王之上。

英諾森三世*2以開除教籍為武器，
英諾森三世
令神聖羅馬帝國皇帝和英格蘭國王折服。

由他號召的第四次十字軍東征*3，卻大肆掠奪同為基督教徒*4的拜占庭帝國首都君士坦丁堡，

還請法蘭西國王發動阿爾比十字軍*5進軍法蘭西南部，大肆虐殺異端者*6。

*4 同為基督教徒：拜占庭帝國信奉的是希臘正教（東正教）。

*5 阿爾比十字軍：從西元1209至1229年，法蘭西國王的軍隊對法蘭西南部的基督教阿爾比派的討伐。

*6 異端者：與天主教教會認定的正統信仰、教義有出入的邪說或信眾。

即便耶穌曾備受迫害，仍不放棄宣揚博愛的理念。但諷刺的是，天主教教會卻於中世紀以其絕對權力奪走無數人的性命。

全彩漫畫 NEW 世界歷史

4 伊斯蘭世界與歐洲世界的建立

深入理解漫畫內容

時代總結

本單元注意事項

1 各符號代表意義：🏛→世界遺產、📖→重要詞句、👤→重要人物、🏺→美術品、遺跡

2 重要詞句以粗體字標示，附解說的重要詞句以藍色粗體字標示。

3 同一語詞若出現在兩處以上，將依需要標注參考頁碼。參考頁碼指的是「時代總結」中的頁碼。例：（→ p. ○○）

4 年代皆為西元年。西元前有時僅標記為「前」。11 世紀以後的年代除了第一次出現外，有時會以末尾兩位數標示。

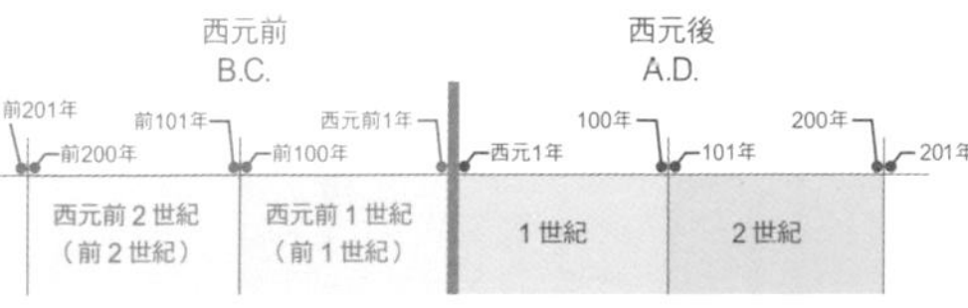

5 人物除了生卒年之外，若是王、皇帝或總統，會標記在位（在任）期間，標記方式為「在位或在任期間○○～○○」。

6 國家或地區名稱略語整理如下：

英：英國／法：法國／德：德國／義：義大利／西：西班牙／奧：奧地利／荷：荷蘭／普：普魯士
俄：俄羅斯／蘇：蘇聯／美：美利堅合眾國／加：加拿大／土：土耳其／澳：澳洲／印：印度／中：中國
韓：韓國（大韓民國）／朝：朝鮮／日：日本／歐：歐洲

時代總結 年表　西元 4 世紀～ 16 世紀

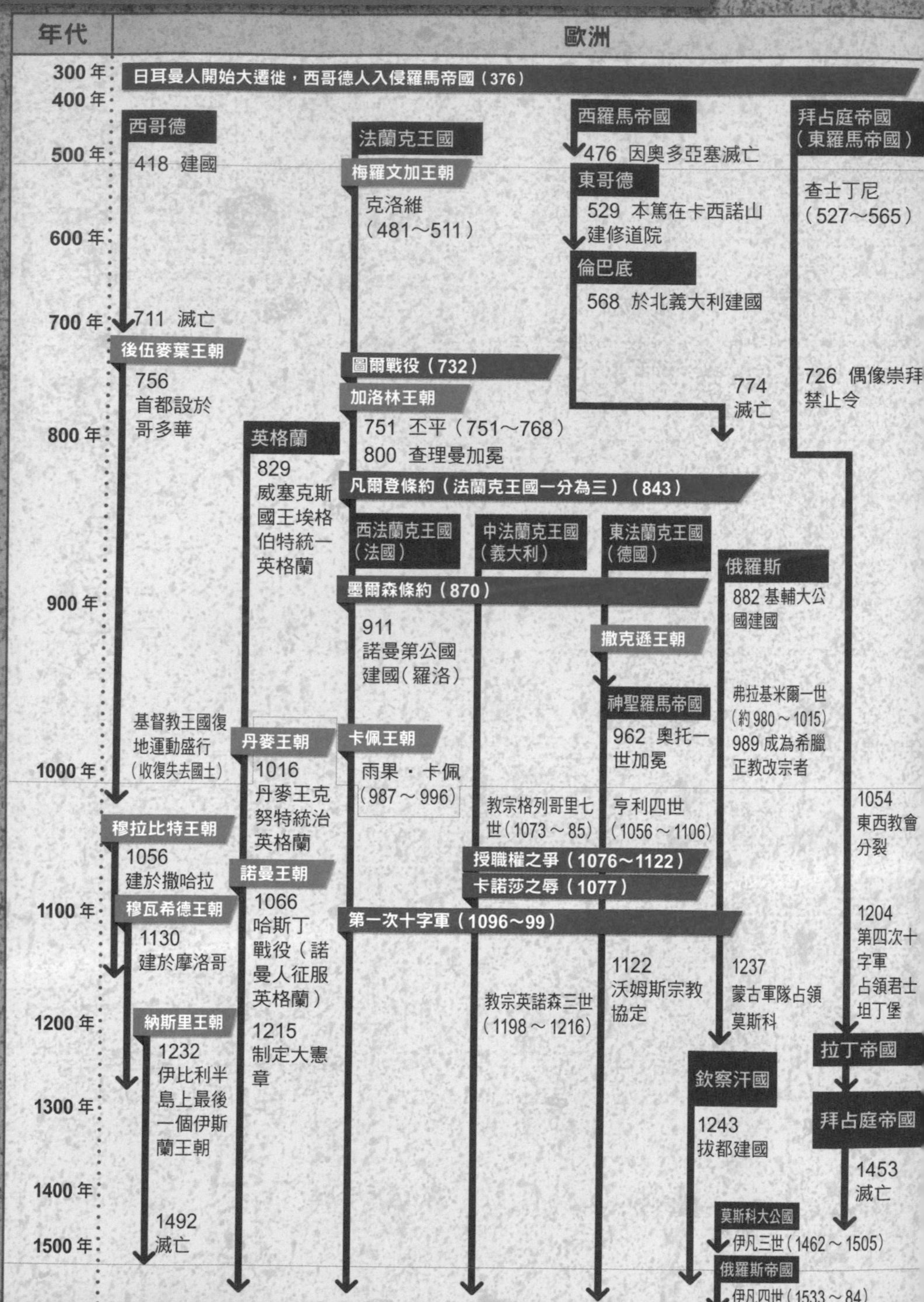

※ 人物後的數字皆為在位期間。

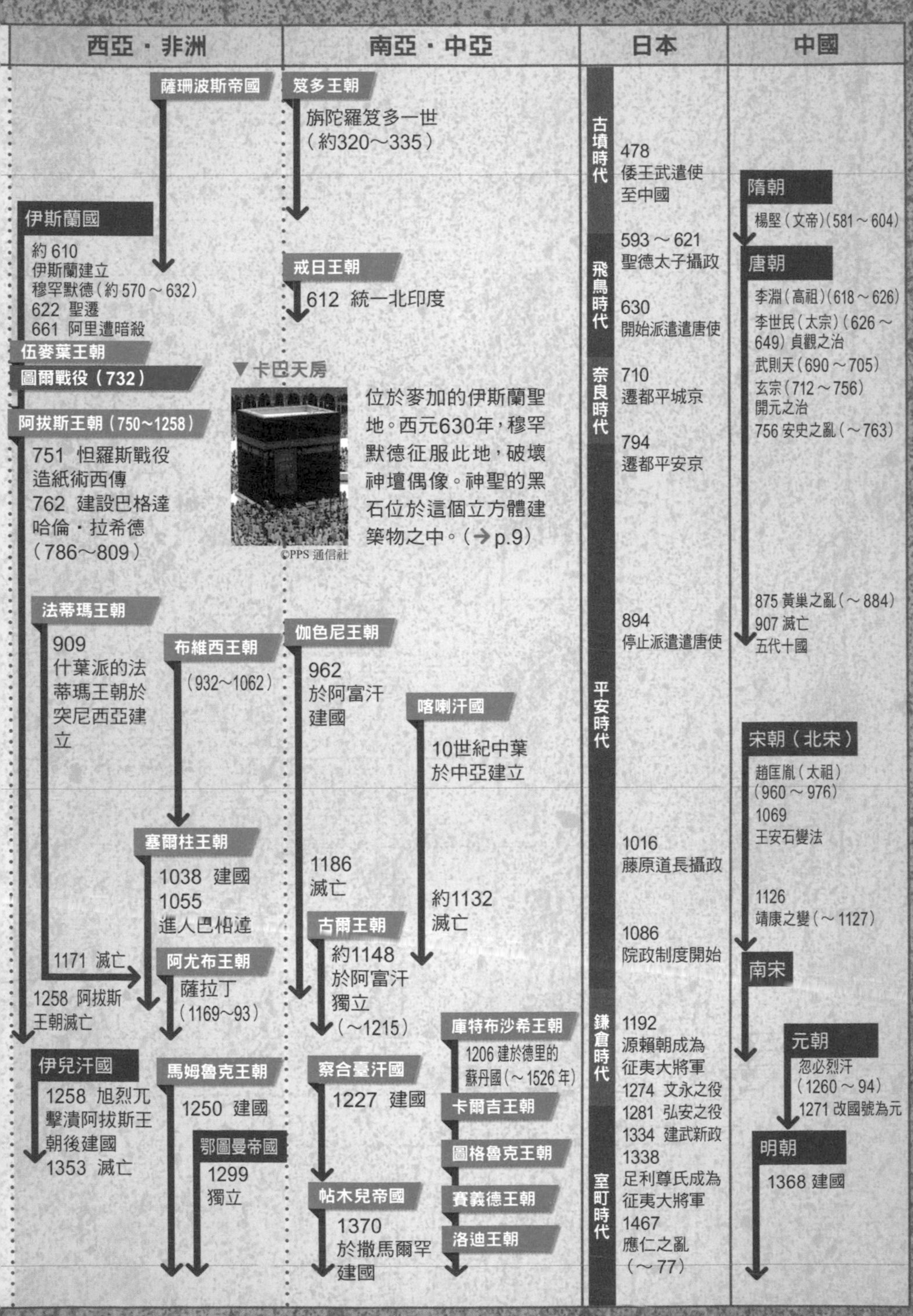

西亞・非洲
南亞・中亞
日本
中國
薩珊波斯帝國
伊斯蘭國
約 610
伊斯蘭建立
穆罕默德（約 570～632）
622 聖遷
661 阿里遭暗殺
伍麥葉王朝
圖爾戰役（732）
阿拔斯王朝（750～1258）
751 怛羅斯戰役
造紙術西傳
762 建設巴格達
哈倫・拉希德
（786～809）
法蒂瑪王朝
909
什葉派的法
蒂瑪王朝於
突尼西亞建
立
布維西王朝
（932～1062）
塞爾柱王朝
1038 建國
1055
進入巴格達
1171 滅亡
阿尤布王朝
薩拉丁
（1169～93）
1258 阿拔斯
王朝滅亡
伊兒汗國
1258 旭烈兀
擊潰阿拔斯王
朝後建國
1353 滅亡
馬姆魯克王朝
1250 建國
鄂圖曼帝國
1299
獨立
笈多王朝
旃陀羅笈多一世
（約320～335）
戒日王朝
612 統一北印度
▼卡巴天房
位於麥加的伊斯蘭聖地。西元630年，穆罕默德征服此地，破壞神壇偶像。神聖的黑石位於這個立方體建築物之中。（→p.9）
©PPS 通信社
伽色尼王朝
962
於阿富汗
建國
喀喇汗國
10世紀中葉
於中亞建立
1186
滅亡
約1132
滅亡
古爾王朝
約1148
於阿富汗
獨立
（～1215）
庫特布沙希王朝
1206 建於德里的
蘇丹國（～1526 年）
察合臺汗國
1227 建國
卡爾吉王朝
圖格魯克王朝
帖木兒帝國
1370
於撒馬爾罕
建國
賽義德王朝
洛迪王朝
古墳時代
478
倭王武遣使
至中國
飛鳥時代
593～621
聖德太子攝政
630
開始派遣遣唐使
奈良時代
710
遷都平城京
794
遷都平安京
平安時代
894
停止派遣遣唐使
1016
藤原道長攝政
1086
院政制度開始
鎌倉時代
1192
源賴朝成為
征夷大將軍
1274 文永之役
1281 弘安之役
1334 建武新政
室町時代
1338
足利尊氏成為
征夷大將軍
1467
應仁之亂
（～77）
隋朝
楊堅（文帝）（581～604）
唐朝
李淵（高祖）（618～626）
李世民（太宗）（626～
649）貞觀之治
武則天（690～705）
玄宗（712～756）
開元之治
756 安史之亂（～763）
875 黃巢之亂（～884）
907 滅亡
五代十國
宋朝（北宋）
趙匡胤（太祖）
（960～976）
1069
王安石變法
1126
靖康之變（～1127）
南宋
元朝
忽必烈汗
（1260～94）
1271 改國號為元
明朝
1368 建國

查理曼的加冕（➡p.26）
西元800年，聖誕彌撒舉辦之際，教宗李奧三世於羅馬聖彼得大教堂授予法蘭克國王查理曼羅馬皇帝的冠冕，以教宗和皇帝為主的西歐世界就此形成。
©PPS 通信社
圖爾戰役（732年）
法蘭克王國
（481～843）
查理曼的加冕
（800年）
羅馬
後伍麥葉王朝
（756～1031）
哥多華
拜占庭帝國
（395～1453）
建設巴格達
（762年）
內沙布爾
地中海
大馬士革
巴格達
耶路撒冷
伊德里斯王朝
（789～985）
福斯塔特
阿拔斯王朝（伊斯蘭帝國）
（750～1258）
波斯灣
麥地那
紅海
麥加
阿拉伯式花紋（➡p.21）
學研資料課
伊斯蘭禁止以人物或動物作為裝飾圖案，因此由幾何學花紋或藤蔓圖文組成的阿拉伯式花紋才會如此精密與發達。

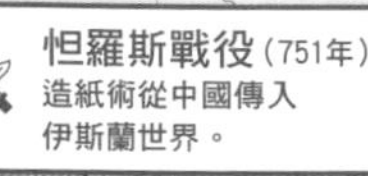

怛羅斯

散馬爾罕

維吾爾
（744-840）

渤海
（698～926）

新羅
（4世紀中葉～935）

日本
（奈良～平安時代）

大宰府

長安

吐蕃
（7世紀～9世紀）

唐
（618～907）

喜馬拉雅山脈

達哈

南詔
（?～902）

驃國

占婆
（林邑）

陀羅缽地王國

室利佛逝王國
（三佛齊王國）

時代總結 歷史地圖

8世紀的世界

阿拔斯王朝以全穆斯林（伊斯蘭信徒）平等的口號增強向心力，因此進入最強盛時期。西方則是法蘭克王國與羅馬教會的關係更加緊密，以羅馬天主教為軸心的中世紀西歐世界就此建立。

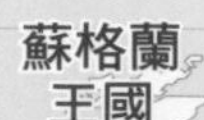

蘇格蘭王國
英格蘭王國
倫敦
巴黎
法蘭西王國
卡斯提亞王國
萊昂王國
葡萄牙
納瓦拉王國
亞拉岡王國
哥多華
格拉納達
瑞典王國
丹麥王國
波蘭王國
基輔大公國
（9世紀～13世紀）
神聖羅馬帝國
匈牙利王國
羅馬
拜占庭帝國
君士坦丁堡
卡諾莎之辱
（1077年）
塞爾柱王朝
（1038～1194）
地中海
穆拉比特王朝
（1056～1147）
馬拉喀什
開羅
塞爾柱王朝進入巴格達
（1055年）
法蒂瑪王朝
（909～1171）
波斯灣
麥地那
紅海
麥加

馬德拉沙（伊斯蘭學校）傳授學問的學者

©PPS 通信社

傳授伊斯蘭相關學問的學者稱為「烏理瑪」。烏理瑪有時擔任教師或法官，有時則於各地伊斯蘭學校傳道（→p.20）。

塞爾柱王朝的最大疆域
伽色尼王朝的最大疆域
喀喇汗國的最大疆域

哈斯丁戰役（➡p.30）

諾曼第公爵威廉入侵英格蘭（諾曼征服）的刺繡畫。圖為西元1066年的哈斯丁戰役。

時代總結 歷史地圖

11世紀的世界

中國經過長期分裂後，由宋朝統一中國，但北方仍受到遼國（契丹）的侵擾；從中亞往西亞移動的突厥人，入侵處於分裂對立的伊斯蘭世界，建立塞爾柱王朝。

1 伊斯蘭世界的建立

伊斯蘭是如何創立的？

❶ 伊斯蘭建立之前的西亞

西元6世紀後半，彼此對立的**薩珊波斯帝國**[*1]和拜占庭帝國（→p.37）征戰進入白熱化階段，造成東西方交易路線中的綠洲之路、海上之路在兩國國境附近中斷，交易衰退。因此，阿拉伯半島西部成為迂迴的交通道路，原在此處進行商業活動的阿拉伯人，一手拉起東西方交易，也因為扮演中繼站的角色獲得龐大利益，尤其沿岸都市**麥加**、**雅士里布**（日後的**麥地那**）更是繁榮。

[*1] 西元224～651年，以位於伊朗高原南部的泰西封為首都，屬於伊朗系的王朝。薩珊波斯帝國以瑣羅亞斯德教為國教，持續與羅馬帝國的拜占庭帝國抗爭，曾經繁榮一時，卻在西元642年的奈哈萬德戰役中被伊斯蘭軍隊擊潰，帝國因此覆滅。

用語解說

綠洲之路、海上之路

綠洲之路指的是連接地中海東岸、中亞綠洲都市、中國長安的東西陸路，也稱為絲路。海上之路就是連接地中海、紅海、阿拉伯海、印度洋、南海的東西航道，又稱為陶瓷之路。

▼西元 6 世紀後半的西亞

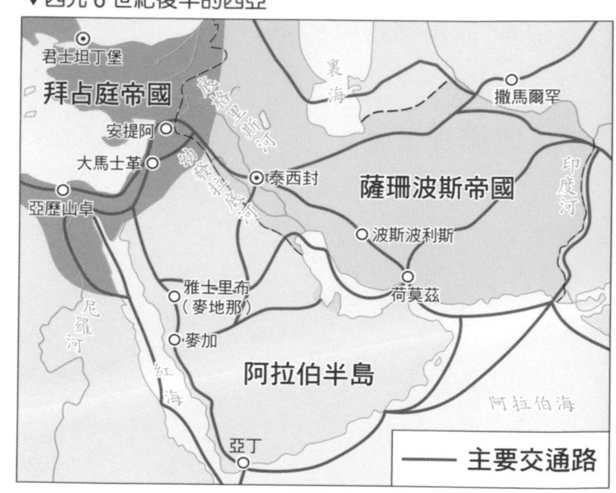

❷ 先知穆罕默德與伊斯蘭的誕生

在麥加出生的先知穆罕默德，約西元610年聽見唯一真神**阿拉**的聲音，於是以**先知**身分傳教，宣揚唯一真神的伊斯蘭，卻因此遭受長期信奉多神教的阿拉伯人迫害。穆罕默德和信徒們最後在西元622年遷

先知穆罕默德
（約西元 570 ～ 632 年）

出生名門古萊氏族哈希姆家的穆罕默德，整備了紅海沿岸的交易路線，並掌控著麥加。在行商有成的四十歲左右，穆罕默德宣揚自己聽到神的啟示而成為一名先知。與家族展開激戰後征服麥加，並將多神教的卡巴天房改成一神教的聖殿。

往麥地那，這次的遷移被稱為**聖遷**。穆罕默德建立了**穆斯林**（伊斯蘭信徒）的社群（**烏瑪**）。隨著信徒增加，獲得政治實力的穆罕默德於西元630年被迎入麥加，並將多神教的卡巴天房改成一神教的聖殿。

用語解說

六信五功

穆斯林的教義。六信指相信①阿拉、②天使、③啟典（古蘭經）、④先知們、⑤來生、⑥神的安排。五功是指①宣告信仰、②禮拜、③喜捨、④斷食、⑤朝拜聖地麥加這些信仰行為。

3 伊斯蘭教義

伊斯蘭聖典《**古蘭經**》以**阿拉伯語**記載各種教義，及對唯一真神**阿拉**的絕對服從（「伊斯蘭」意思是「服從」），也將穆斯林的義務整理成六信五功。

伊斯蘭世界是如何建立的？

1 正統哈里發時期

穆罕默德死後，從有實力的信徒中選出指導者，稱為**哈里發**（先知的代理人或繼承者），這個時期稱為正統哈里發時期。哈里發的義務為擴大伊斯蘭勢力，持續阿拉伯人所說的征服活動，即所謂的聖戰。經過奈哈萬德戰役消滅薩珊波斯帝國，又從拜占庭帝國取得敘利亞和埃及，在新領土建立**駐軍都市**（misr）後，阿拉伯人也移居至新領土。西元661年，第四代哈里發**阿里**被暗殺，敘利亞總督**穆阿維亞**就創立了伍麥葉王朝。

用語解說

正統哈里發

伊斯蘭社群的最高指導者。曾經從穆罕默德的部族中選出前四代的哈里發。

伍麥葉王朝

以敘利亞大馬士革為首都，第一個世襲的伊斯蘭王朝。西元8世紀後，領土極度擴張，東至中亞、印度西北方，西至伊比利半島。以阿拉伯語為官方語言，並鑄造新貨幣，強化中央集權統治。但由於崇尚阿拉伯人至上主義，導致非阿拉伯人的改宗者對其非常不滿。

▼正統哈里發的家系圖

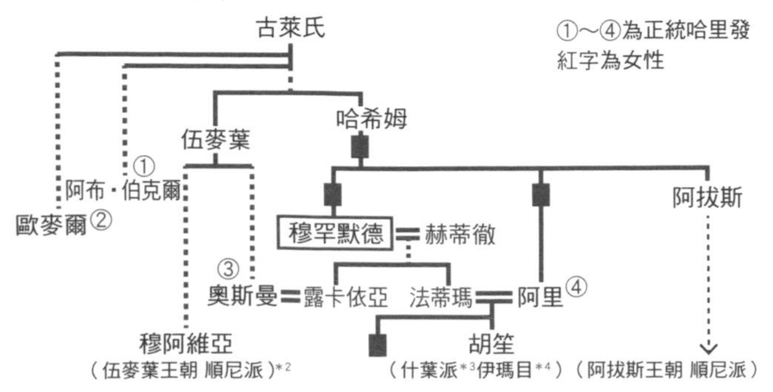

*2 占穆斯林九成的多數派，名稱源自遵從「順尼」（穆罕默德的言行）。

*3 以第四代阿里及堅持以先知後代來世襲哈里發一職的少數派，什葉派意為「阿里追隨者」。

*4 伊斯蘭的宗教指導者。在什葉派的世界裡，指的是由阿里創立的社群最高指導者。

❷ 伍麥葉王朝與伊斯蘭世界的擴張

伍麥葉王朝積極地擴張領土，往東征服了中亞，往西消滅了**西哥德王國**[*5]，進而統治伊比利半島，也曾經進攻法蘭克王國，卻在**圖爾戰役**（→p.25）被擊敗，擴張領土的腳步因此受阻。

伍麥葉王朝時期，身為統治者的阿拉伯人有極高的特權，被征服的異族即便成為伊斯蘭改宗者，仍和異教徒一樣被課徵**土地稅**和**人頭稅**。

[*5] 西元418～711年。由東日耳曼人的一支西哥德人建立的王國。雖被伍麥葉王朝滅國，但伍麥葉王朝對基督教非常寬容，因此得以形成現代的西班牙文化。

用語解說

圖爾戰役

西元732年，伍麥葉王朝的軍隊與查理・馬特率領的法蘭克軍隊交戰。伍麥葉的騎兵隊受到法蘭克的重裝步兵阻擋而撤退，避免了歐洲的伊斯蘭化。

▼伊斯蘭世界的擴張

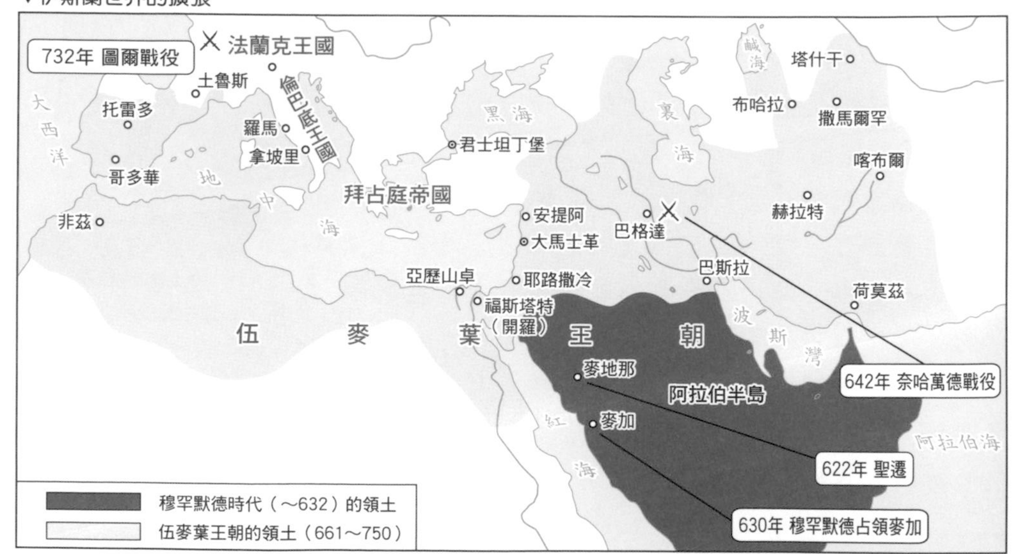

阿拔斯王朝是如何建立的？

❶ 對伍麥葉王朝的批判與阿拔斯家族的革命運動

允許阿拉伯人擁有特權的伍麥葉王朝，其政策違反了提倡平等的《古蘭經》，因此批評聲浪日漸高漲。成為新**改宗者**的伊朗人**什葉派**發起反伍麥葉運動後，屬於穆罕默德的叔父一脈的阿拔斯家族推翻了伍麥葉王朝，並於西元750年建立了阿拔斯王朝（阿拔斯革命）。

2 阿拔斯王朝建立的伊斯蘭帝國

阿拔斯王朝屏除民族歧視的成見，實行只要是穆斯林，無論是否為阿拉伯人，均不須繳納人頭稅的政策。同時建立了以宰相為最高行政官員的文官體系和常備軍體系，確立中央集權的統治方式，所以非阿拉伯人也能擔任重要職務。

用語解說

阿拔斯王朝
（西元 750 ～ 1258 年）
先知穆罕默德叔父的子孫得到什葉派，以及非阿拉伯人改宗者這些對伍麥葉王朝不滿者的支持，於西元750年建立伊斯蘭王朝。西元9世紀初為全盛時期，直到西元13世紀中葉為蒙古軍隊所滅。

▼建設當時的巴格達（想像圖）

因此，以伊斯蘭教法和伊斯蘭為基礎的**伊斯蘭帝國**，迎來約兩百年之久的繁榮。

阿拔斯王朝首都位於巴格達，由第二代哈里發曼蘇爾於美索不達米亞平原所建的一座圓城都市。

用語解說

伊斯蘭教法
法學家根據《古蘭經》與穆罕默德的言行（順尼）釋法而成的法令條文。目前沒有一致的伊斯蘭教法，各地區與各時代對伊斯蘭教法的解釋都有差異，但統治者與一般信徒所解釋的伊斯蘭教法是不被承認的。

巴格達
第二代哈里發曼蘇爾（在位期間西元754～775年）所建設的人工都市。這座直徑約2公里的圓城都市被20公尺的濠溝和三層城牆所包圍。在四道城門中，東南的城門與海路連接；東北的城門與絲路連接；西北的城門與北非、伊比利半島的路線連接；西南的城門則與聖地麥加連接。全盛時期人口約達150萬人，是與唐朝的長安並駕齊驅的世界最大都市。現為伊拉克共和國的首都。

▼伍麥葉王朝與阿拔斯王朝的稅制差異

王　朝	阿拉伯人		非阿拉伯人改宗者		非伊斯蘭信徒	
	人頭稅	土地稅	人頭稅	土地稅	人頭稅	土地稅
伍麥葉王朝	×	×	○	○	○	○
阿拔斯王期	×	○	×	○	○	○

○表示要負擔　×表示不用負擔

3 伊比利半島的後伍麥葉王朝

伍麥葉一族雖然在阿拔斯革命中被滅族，但倖存的王族遁逃至伊比利半島，並於西元756年創立後伍麥葉王朝。後伍麥葉王朝吸收巴格達進步的文化和科學，讓凌駕於歐洲社會的伊斯蘭文化更加發達。首都哥多華成為當時歐洲最大的都市，其刷牙、隨季節變遷穿著不同服裝，以及其他習慣都對日後的歐洲文化造成各式各樣的影響。

用語解說

後伍麥葉王朝（西元756～1031年）

於阿拔斯革命中倖存的阿卜杜・拉赫曼一世在伊比利半島上建立的王朝，與敵對的阿拔斯王朝和法蘭克王國對抗。後伍麥葉王朝統治了伊比利半島長達三百年之久。

哥多華的清真寺

後伍麥葉王朝在首都哥多華建立了一座清真寺。之後繼續擴建，成為西方伊斯蘭世界最大的清真寺（→p.20）。

❹ 阿拔斯王朝於 9 世紀衰退

阿拔斯王朝的全盛時期為西元8世紀末。在第五代哈里發哈倫・拉希德的時代，巴格達已成長為舉世數一數二的大都市。不過，隨著阿拔斯王朝的統治開始鬆懈，在哈倫死後，埃及與伊朗就出現了獨立的王朝。

哈倫・拉希德
（在位期間 786 ～ 809 年）
阿拔斯王朝第五代哈里發。和法蘭克王國的查理曼（→p.26）、印度國王的交情極深，並在《一千零一夜（天方夜譚）》的〈辛巴達歷險記〉中登場。

❺ 法蒂瑪王朝的建立與伊斯蘭王國的分裂

西元10世紀初期，什葉派分支以埃及的**開羅**為首都，建立了法蒂瑪王朝。當法蒂瑪王朝自稱哈里發之後，後伍麥葉王朝為了與其對抗也自稱哈里發，一時間，連同阿拔斯王朝計算在內，總共出現了三位哈里發，使伊斯蘭帝國陷入分裂狀態。接著，伊朗裔的軍事政權布維西王朝也竄立。布維西王朝從阿拔斯王朝接下總領的稱號，並從哈里發手中奪取實權。

愛資哈爾清真寺

©PPS 通信社

西元10世紀後半，法蒂瑪王朝於開羅建造的清真寺，附設了馬德拉沙（伊斯蘭高等教育機構），成為伊斯蘭最高學府的愛資哈爾大學。

用語解說

法蒂瑪王朝
（西元 909 ～ 1171 年）
西元10世紀初於突尼西亞建立的什葉派王朝，與順尼派的阿拔斯王朝為敵對關係。法蒂瑪是穆罕默德的女兒，哈里發則以其子孫的身分自稱救世主。

布維西王朝
（西元 932 ～ 1062 年）
西元10世紀初期，伊朗裔的布維西兄弟創立的什葉派王朝。

《天方夜譚》的世界與穆斯林商人的活躍

©PPS 通信社

讀了《天方夜譚（一千零一夜）》的故事後，會知道穆斯林商人們為了做生意走遍世界各地。讓我們一起透過《天方夜譚》了解穆斯林商人有多麼活躍吧。

1 《天方夜譚》是什麼樣的故事？

波斯國王山努亞因為不信任女性，每天黎明之前都會殺掉新王妃。某天，大臣的女兒雪赫拉莎德自願成為王妃，每晚都會說一則不可思議的故事給國王聽，且每到精采之處就會說：「後續留待明日」，由於國王想聽後續的故事，所以捨不得殺她，日復一日，直到第一千夜之後，國王反省了之前的作為。

這一千夜的故事分別以波斯灣、印度洋、南海為舞臺。當時的穆斯林商人們將交易路線從非洲擴展至印度、中國，從故事中可以一窺當時市場的熱絡程度與活絡的貨幣經濟。

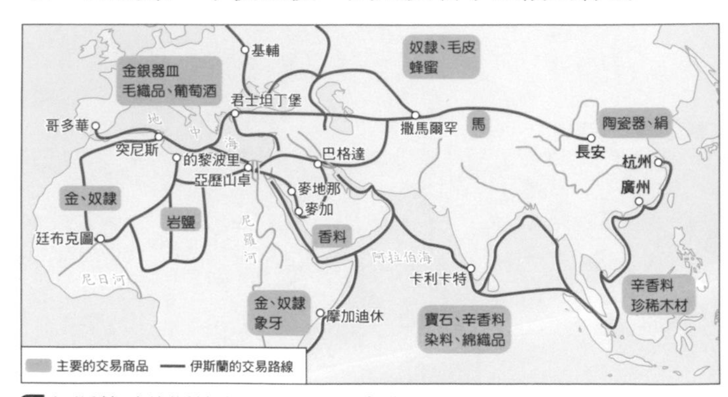

伊斯蘭（穆斯林商人）的交易路線與交易品

2 《天方夜譚》如何成書的？

《天方夜譚》在阿拉伯語裡的意思為「一千零一夜」，一開始是來自印度的故事，在薩珊波斯帝國時期被譯成波斯語，到了西元8世紀的阿拔斯王朝又被翻譯成阿拉伯語，之後陸續增添新故事，在西元16世紀之前演變成現在的版本。進入西元17世紀路易十四的時代後，法國學者安托萬·加朗將故事翻譯成法語，《天方夜譚》才開始在全世界流傳，譯成英語、德語及其他語言的版本，成為世界著名的暢銷書。

3〈辛巴達歷險記〉與穆斯林商人

住在豪宅的辛巴達（阿拉伯語是「印度之風」的意思）對同名的苦力講述年輕時的各種冒險故事。內容包括以為是島的地方結果是鯨魚背部、抓著巨鳥脫逃，以及遇到某個長著翅膀的男人等情節，包羅萬象，而辛巴達就是透過這些冒險累積了巨額的財富。

這些故事描繪出穆斯林商人面對危險，也要取得鑽石這類財寶的勇氣和好奇心。

↑抓著鳥的辛巴達

©PPS 通信社

4〈阿拉丁神燈〉與穆斯林商人

懶惰的十五歲少年阿拉丁（阿拉伯語是「信仰的高度」的意思）與母親一同住在中國。阿拉丁受到前來尋找神燈的西北非一帶魔法師唆使而取得神燈，也因為神燈精靈的魔力成為有錢人，進而有機會與皇帝的女兒結婚。之後，奪得神燈的魔法師將皇帝的女兒擄往西北非。阿拉丁藉助魔戒戒靈的魔力打倒魔法師，成功救回妻子。

從中國廣州也有穆斯林商人的歇腳地來看，這個以中東為中心，並以極東和極西之地為舞臺的故事，說明了穆斯林商人的交易路線有多麼廣闊。

↑從神燈出現的精靈

©PPS 通信社

5「充滿黃金的瓦克瓦克島」與日本

《天方夜譚》中也有讓人聯想到日本島嶼的故事。瓦克瓦克島公主的衣服被故事主人翁藏起來而無法回家，最後成為主人翁妻子的這個故事，與日本童話故事《天之羽衣》非常相似。瓦克瓦克島上的居民多半都是女性，有會結出人形果的樹，且人形果還會發出「瓦～克、瓦～克」的叫聲。西元9世紀中葉阿拉伯語最古老的地理書籍《道里邦國志》中曾介紹了位於中國東方，因黃金富有的瓦克瓦克國。據說瓦克瓦克一名源自日本國古名「倭國」。

2 伊斯蘭世界的發展與伊斯蘭文明

起源於阿拉伯半島的伊斯蘭跨越民族藩籬，傳播至中亞、南亞與東南亞一帶。

伊斯蘭世界的勢力如何演變？

❶ 奴隸騎兵馬姆魯克的活躍

西元9世紀初，阿拔斯王朝看中突厥遊牧民族擅長騎馬的技術，將突厥奴隸拔擢為哈里發的親衛隊。這些突厥奴隸成為伊斯蘭的改宗者之後被稱為馬姆魯克。

❷ 突厥人建立塞爾柱王朝與其他王朝

西元10世紀中葉，突厥人在中亞建立的**塞爾柱王朝***1擊潰了伊朗裔布維西王朝，也從阿拔斯王朝得到**蘇丹***2（統治者）的稱號。塞爾柱王朝同樣派遣馬姆魯克攻擊拜占庭帝國，導致**第一次十字軍***3（見第5卷）東征。塞爾柱王朝在主要都市設立學院（**馬德拉沙**）*4辦學，研究**順尼派法學**。同時期，突厥人還建立了**喀喇汗國**與**伽色尼王國**。

❸ 伊兒汗國與阿尤布王朝、馬姆魯克王朝

蒙古帝國（見第5卷）建國者成吉思汗的孫子**旭烈兀***5，於西元1258年消滅了日漸衰退的阿拔斯王朝，建立了伊兒汗國。第七代的君主**合贊***6為了尊重地區文化，將伊斯蘭立為國教。

到了西元12世紀後半，法蒂瑪王朝的宰相薩拉丁在埃及建立了順尼派的**阿尤布王朝**，推翻法蒂瑪王朝。因此，開羅的**愛資哈爾大學**在進入阿尤布王朝之後，成為順尼派的最高學府。

用語解說

馬姆魯克
西元9世紀後，於伊斯蘭世界活躍的奴隸騎兵。其強大的軍事實力是造成阿拔斯王朝分裂的原因之一。

*1 西元1038～1194年。中亞的突厥遊牧民族建立的伊斯蘭王國。其任用波斯人為官，讓波斯文化更加興盛。

*2 阿拉伯語中「權威」的意思，也指順尼派伊斯蘭國家的統治者（君主）。

*3 被塞爾柱王朝奪走領土的拜占庭帝國，向羅馬教宗求援而開始的軍事遠征。西元1096～1099年的第一次十字軍成功占領耶路撒冷，建立了耶路撒冷王國（西元1099～1291年），以及一些基督教的小公國。

*4 傳授和研究伊斯蘭法學的機構，西元10世紀末在塞爾柱王朝的主要都市設立。

*5 在位期間西元1258～1265年。統治中國的元朝皇帝忽必烈的弟弟。在伊朗高原建立伊兒汗國（西元1258～1353年），國祚持續了將近一百年之久。

*6 在位期間西元1295～1304年。伊兒汗國的第七代君主，透過與穆斯林的融合及稅制改革增強國力。

薩拉丁也組織了馬姆魯克軍隊，藉此擊敗十字軍，並奪回耶路撒冷。不過，馬姆魯克軍隊的勢力日後逐漸增強，在薩拉丁死後，以武裝政變的方式建立了**馬姆魯克王朝**[*7]。馬姆魯克王朝將阿拔斯王朝的哈里發請回首都開羅。當時的開羅因小麥、砂糖的生產及中繼貿易而極度繁榮，取代巴格達成為伊斯蘭世界的中心。

🏛馬姆魯克王朝的清真寺 ©PPS 通信社

馬姆魯克王朝的首都開羅因成為貿易中繼站而繁榮，也興建了許多清真寺和公共設施。

[*7] 西元1250～1517年。原是阿尤布王朝的突厥奴隸騎兵，日後在埃及、敘利亞建立的王朝。第五代君主拜巴爾（在位期間西元1260～1277年）擊退入侵的蒙古軍隊，也將阿拔斯王朝的哈里發請至開羅，保護麥加和麥地那兩大聖地。

薩拉丁
（在位期間西元 1169 ～ 1193 年）
庫德族的軍人。薩拉丁是尊稱，意思是宗教的救贖，也是他在歐洲的稱呼。其創立阿尤布王朝後，將順尼派立為國教，並從十字軍手中奪回耶路撒冷。

西方的伊斯蘭世界過去是什麼模樣？

❶ 北非與伊比利半島的伊斯蘭王朝

西元11世紀中葉，**穆拉比特王朝**[*8]與**穆瓦希德王朝**[*9]先後於北非一帶建國。這兩個王朝都由改信伊斯蘭的原住民**柏柏人**所建立。此時，伊比利半島的基督徒正在推動收復失土運動，便與上述兩個王朝展開爭鬥。此外，在後伍麥葉王朝滅亡後成立的**納斯里王朝**[*10]（伊比利半島上最後一個伊斯蘭國）被西班牙王國消滅。殘留於首都格拉納達的**阿罕布拉宮**🏛就成為西班牙具代表性的伊斯蘭建築。

[*8] 西元1056～1147年。以摩洛哥為中心，由柏柏人創立的政權，被穆瓦希德王朝消滅。

[*9] 西元1130～1269年。統治北非與伊比利半島的柏柏人伊斯蘭政權。

[*10] 西元1232～1492年。因為首都設於格拉納達，所以也稱為格拉納達王國。

🏛阿罕布拉宮 ©PPS 通信社

阿罕布拉在阿拉伯語中是「紅色城堡」的意思，它是納斯里王朝的宮殿與城堡，也受到西班牙國王卡洛斯五世所喜愛。

▼馬拉喀什的王宮 ©PPS 通信社

西元11世紀後，馬拉喀什為穆拉比特王朝建設的首都，是商業、工業與文化中心。

② 伊斯蘭國的稅制與經濟

在哈里發握有強權的時代，官員與軍人的俸祿都以現金支付，但從西元10世紀中葉後，就將徵稅權交給軍人，改為**伊克塔制**[*11]。

西元12世紀後半，加入伊斯蘭商會或貿易集團（Karimi）的**穆斯林商人**[*12]開始與印度商人或義大利商人交易，從西亞到中亞的街邊都設立著驛站（商隊旅館）。他們利用隨季節改變風向的季風，頻繁地使用連接紅海與南海的「海上之路」，將伊斯蘭傳至各地。

[*11] 將領地的徵稅權賜予軍人和官僚，取代原本的俸祿。西元10世紀中葉布維西王朝占領巴格達後無法支付俸祿，首創這項制度。塞爾柱王朝與馬姆魯克王朝也全面推行這項制度，讓軍人直接掌控農村。

[*12] 以阿拉伯帆船（三角帆的木船）進行海上交易，並以駱駝進行內陸交易的商隊，最遠曾至西伯利亞與北歐一帶。

各地如何伊斯蘭化？

① 印度的伊斯蘭化與東南亞

西元10世紀末，阿富汗的伊斯蘭王朝**伽色尼王國**[*13]開始覬覦北印度，接續的**古爾王朝**[*14]也進攻北印度，擊潰印度教各王國。因身為古

[*13] 西元962～1186年。由薩曼王朝的馬姆魯克所建立的伊斯蘭王國。其軍隊是突厥裔的馬姆魯克，官僚以波斯人為主。

[*14] 約西元1148～1215年。以阿富汗的古爾為中心的伊斯蘭王國。

爾王朝的馬姆魯克而活躍的**艾巴克***15，西元13世紀初在印度德里建立了**庫特布沙希王朝***16。後續建立的五個伊斯蘭王朝都被稱為**德里蘇丹國***17。隨著印度教與伊斯蘭的融合，以及梵語翻譯成波斯語的過程，**印度伊斯蘭文化***18就此遍地開花。

西元15世紀初期，馬來半島的**馬六甲蘇丹王朝***19也改信伊斯蘭。爪哇島的印度教國家**滿者伯夷王國***20衰敗後，西元15世紀末於蘇門答臘建立的亞齊王國、西元16世紀末於爪哇島建立的馬打藍王國都是伊斯蘭國家。

*15 在位期間西元1206～1210年。古爾王朝的馬姆魯克出身，因統治德里周邊而獨立為王。

*16 西元1206～1290年。蘇丹（君主之意）或握有實權者中，許多人原是宮廷奴隸出身，所以又被稱為「奴隸王朝」。

*17 西元1206～1526年。以德里為首都，統治者分別自稱蘇丹的五個伊斯蘭王朝的總稱。

*18 受印度文化影響的伊斯蘭文化。

*19 西元14世紀末～1511年。於馬來半島西南方成立。15世紀後成為東南亞伊斯蘭化的據點。

*20 約西元1293～1520年。西元13世紀後半擊退來自元朝的勢力，繁榮於爪哇島東部的印度教王國。

❷ 西元 16 世紀之前的非洲各國與伊斯蘭勢力

非洲最古老的黑人王國**庫什王國***21在約西元前670年將首都遷到**麥羅埃**（現今的蘇丹），曾因貿易繁榮一時，最後被**阿克蘇姆王國***22消滅。西非的**迦納帝國***23也因出產黃金而繁榮，但被穆拉比特王朝攻擊後就呈現衰退之勢。**馬利帝國***24、**桑海帝國***25為穆斯林國家，位於尼日河中游流域的都市**廷布克圖**🏛是當時的文化中心。東部海岸也有穆斯林商人定居，該地區以受到阿拉伯語影響的**斯瓦希里語**為共用語言。東南部的**姆諾莫塔帕帝國***26和其他國家也因印度洋貿易而興盛。

*21 約西元前920～後350年。埃及新王國滅亡後，在努比亞（從埃及南部到蘇丹）建國。

*22 約西元前後～12世紀。從阿拉伯半島移居的阿克蘇姆人在衣索比亞高原北部建立的王國。因印度洋貿易而盛極一時。

*23 約西元7世紀～13世紀中葉。在和穆斯林商人交易時，盛產的黃金主要用來交換岩鹽。

*24 西元1240～1473年。在非洲西部尼日河流域繁盛的王國。全盛時期國王曼薩．穆薩（在位期間西元1312～1337年）曾帶著數千名隨從前往麥加朝聖。

*25 西元1464～1591年。取代馬利帝國的強盛王國。被裝備火器的摩洛哥人所滅。

*26 西元11～19世紀，在非洲東南部建國，因印度洋貿易而繁榮。其首都現為「大辛巴威遺址」，以壯麗的石造建築知名。辛巴威指的是「石頭建築」。

🏛 廷布克圖的清真寺

©PPS 通信社

因成為橫渡撒哈拉沙漠的金、鹽、象牙貿易與麥加朝聖據點而繁榮的都市，位於現今馬利共和國境內。

伊斯蘭文明有哪些特點？

融合各種先進文明而生的伊斯蘭高度文明，也影響了歐洲的文藝復興運動。

❶ 伊斯蘭文明的特徵

隨著伊斯蘭王國於各地建立，伊斯蘭文化也與扎根當地的文化碰撞出新的文明。這種「伊斯蘭文化」透過貿易路線被各地接受，和各地的文化產生交流與融合。文藝復興（見第6卷）也是因為希臘文明傳至歐洲才開始的。

❷ 孕育伊斯蘭文明的都市與交通

伊斯蘭社會以**清真寺**[*27]、學院（**馬德拉沙**）、**市場**作為**都市**中心，**烏理瑪**[*28]、**蘇菲**[*29]扮演著非常重要的角色。統治者建設清真寺和學校，富裕的商人提供**宗教不動產**[*30]。西元8世紀中葉，從**怛羅斯戰役**[*31]中抓到的唐朝俘虜

*27 伊斯蘭的禮拜堂。《古蘭經》禁止偶像與肖像崇拜，所以建築物內部有指出卡巴天房方位的壁龕和講臺。

*28 學習伊斯蘭法學的知識分子。

*29 身處清貧，意在與神合為一體而修行的神祕主義者。

身上學到**造紙術**，讓世界文化得以突飛猛進。在巴格達和其他都市設立造紙廠，西元13世紀時，造紙術更傳至歐洲。

*[30] 為了讓清真寺或馬德拉沙得以運作而捐出財產。

*[31] 西元751年，阿拔斯王朝於中亞擊敗唐朝的戰役。

3 伊斯蘭的學問與藝術*[32]

伊斯蘭世界研究的是阿拉伯語學、源自《古蘭經》的神學、法學，以及從先知穆罕默德言行錄（聖訓）衍生的歷史學。西元9世紀初期，巴格達的**智慧宮**（→p.22）將希臘學問翻譯成阿拉伯語，包括對**亞里斯多德哲學**的研究和從印度學來的數字（阿拉伯數字的原型）、十進位、**零的概念**等，都對歐洲造成極大影響。有宣禮塔*[33]的清真寺、**纖細畫***[34]、**阿拉伯式花紋***[35]也很發達，文學方面則催生出如《一千零一夜（天方夜譚）》（→p.14）的通俗文學。

▼數字的標記

阿拉伯	印度	現代
١ ٢ ٣ ٤	१ २ ३ ४	1 2 3 4
٥ ٦ ٧ ٨	५ ६ ७ ८	5 6 7 8
٩ ٠	९ ०	9 0

▼位於布哈拉（烏茲別克）的卡揚宣禮塔

學研資料課

*[32] **花剌子密**是西元9世紀阿拔斯王朝的數學、天文學、地理學家，著有《代數學》一書，後來成為代數的語源。**伊本・西那**（阿維森納）是西元11世紀伊朗的哲學家、醫學家，著有《醫典》，對歐洲醫學有深遠的影響。**奧瑪・開儼**是西元11～12世紀塞爾柱王朝的科學家與詩人，著有《四行詩集（魯拜集）》，也曾改革曆法。**伊本・魯世德**（又譯阿威羅伊）是西元12世紀哥多華的哲學家、法學家和醫學家，為亞里斯多德的作品撰寫大量注解，並著有《醫學大全》。**伊本・巴杜達**是西元14世紀的旅行家，曾於印度、中國、非洲旅行，著有阿拉伯語版的《伊本・巴杜達遊記》。**伊本・赫勒敦**是西元14世紀的歷史學家、思想家，著有《歷史緒論》。

*[33] 在清真寺或馬德拉沙被稱為「光塔」的尖塔。

*[34] 在歐洲又稱「微型畫」，是使用金色和大量顏色繪製的精密畫。

*[35] 常見於穆斯林製作的美術工藝品、建築的裝飾花紋。原文意思為「阿拉伯風格的」，是歐洲人對這種花紋的稱呼。

中世紀的伊斯蘭與歐洲的學問殿堂

©PPS 通信社

右圖的「智慧宮」是由阿拔斯王朝的哈里發哈倫・拉希德所建，其子馬蒙再予以擴充的圖書館，它也是將波斯語、希臘語等文獻翻譯成阿拉伯語學問的殿堂。

1 中世紀的伊斯蘭學問是什麼？

伊斯蘭的學問以解釋阿拉伯語版的《古蘭經》神學、法學和歷史學較為發達。隨著西元9世紀希臘語文獻譯成阿拉伯語的進展加速後，天文學、幾何學、哲學也跟著引進，尤其是根據亞里斯多德的哲學而更加合理的神學也完成了。此外，從印度傳來的數字（日後的阿拉伯數字）以及零的概念，也讓數學進一步發展。

↑ 研究天文學的情景
©PPS 通信社

2 智慧宮

巴格達的「智慧宮」也將歐幾里得的數學、希波克拉底的醫學、柏拉圖和亞里斯多德的哲學書、《舊約聖經》翻譯成阿拉伯語。負責翻譯的是集醫學之大成的伊本・西那與數學家花剌子密。這些古希臘、羅馬的學問於西元11～13世紀傳至西班牙，對歐洲的經院哲學（→p.34）與文藝復興運動（見第6卷）造成影響。

3 愛資哈爾大學

西元972年於埃及開羅興建的愛資哈爾大學，源自西元970年建立的清真寺（→p.13）。這裡主要研究伊斯蘭法學和柏拉圖等古希臘哲學家的學問。直至今日，仍是伊斯蘭多數派的順尼派最高教育機構。

↑ 愛資哈爾大學
©PPS 通信社

4 中世紀歐洲的學問是什麼？

中世紀歐洲除了以拉丁文教授包括語法、修辭、邏輯、算數、幾何、天文及音樂七種學科外，也開始將神學、醫學及法學列為高等教育的項目。以神學為主的教會附屬學校，在十字軍之後受到伊斯蘭文明的影響，發展成為研究醫學和哲學的組織，進而成為現代大學的起源。雖然一開始以教會附屬的教育機構為主體，但在進入西元12世紀後，隨著商業發展，學生紛紛聚集至都市，大學就此應運而生。

5 君士坦丁堡大學——中世紀最初的大學

西元849年，拜占庭帝國首都君士坦丁堡設立了君士坦丁堡大學，成為研究希臘語文法和古典文學的中心。藏書逾三萬冊的圖書館也為了研究而開放。

↑君士坦丁堡大學 ©PPS 通信社

6 波隆納大學、巴黎大學、布拉格大學

在義大利的自由都市波隆納，研究法學的學風原本就興盛，到了西元11世紀後，研究醫學和神學的波隆納大學出現了由學生主導的形式，但丁[*1]、佩脫拉克[*2]、哥白尼[*3]、伽利略[*4]都曾在這所大學學習。此外，法國的巴黎大學在西元12世紀中葉設立，西元1211年被羅馬教宗承認為大學，是一所可以修習神學、法學、醫學的大學，經院哲學的多瑪斯·阿奎納即畢業於巴黎大學。而位於捷克的布拉格大學（現稱為布拉格查理大學）是西元14世紀神聖羅馬帝國皇帝查理四世創立的大學，它以巴黎大學為雛型，為德語語系中最古老的大學。

↑波隆納大學 ©PPS 通信社

↑巴黎大學 ©PPS 通信社

*1 西元1265～1321年。義大利詩人、政治家。代表作為《神曲》。

*2 西元1304～1374年。義大利詩人，留有愛情詩《歌本》。

*3 西元1473～1543年。波蘭天文學家，提倡地動說。

*4 西元1564～1642年。義大利物理學家、天文學家，提倡地動說。

3 中世紀西歐世界的形成

原本居住在歐洲東北部的日耳曼人，從西元4世紀後半往西方和南方大遷徙，在各地建立國家。

日耳曼人為何大遷徙？

❶ 日耳曼人社會的模樣

原本住在歐洲北部的日耳曼人從西元前4世紀開始驅逐住在南方的**凱爾特人**[*1]，將勢力擴張至萊茵河、多瑙河一帶。往南擴張勢力的原因是人口增加，以及隨之而來的農地不足問題。日耳曼人分成數十支部族，每個部族都由自己的國王或酋長統治，成年男子也會進行會議。

用語解說

日耳曼人
波羅的海沿岸的原住民，屬於印歐語系的民族。凱撒的《高盧戰記》和塔西陀的《日耳曼尼亞志》都記錄了日耳曼民族剛實樸質的生活樣貌。

[*1] 歐洲的原住民，以德國南部為居住地。其文化包括如妖精之森類型的神話，以及特殊的花紋和音樂。

❷ 民族大遷徙

進入西元4世紀後半，來自亞洲的**匈奴人**[*2]往西方擴張勢力，征服了日耳曼民族的分支**東哥德人**。感到威脅的**西哥德人**於西元376年越過多瑙河，入侵羅馬帝國，於是日耳曼人大遷徙以此為契機而開始。西哥德人、**汪達爾人**、**勃艮第人**、**法蘭克人**、**盎格魯-撒克遜人**分別

古都托雷多

學研資料課

作為西哥德王國的首都而繁榮。之後西班牙天主教的主教教座也設於托雷多。

建立了自己的王國。**匈奴王阿提拉**[*3]也於匈牙利建立大帝國，但在西元451年被**西羅馬帝國**與日耳曼人聯軍擊敗（卡塔隆平原之戰），不久即滅亡。西元476年，西羅馬帝國被日耳曼人傭兵隊長**奧多亞塞**[*4]所滅，東哥德的**狄奧多里克大帝**[*5]在擊敗奧多亞塞後，建立東哥德王國。西元568年，**倫巴底王國**建國後，民族大遷徙總算告終。

*2 突厥和蒙古的騎馬遊牧民族，與秦朝、漢朝對抗的匈奴後裔。從中亞入侵歐洲後，統治了東哥德人，並攻擊拜占庭（東羅馬）帝國。

*3 在位期間西元433～453年。統治東歐、壓迫拜占庭帝國。

*4 約西元434～493年。逼迫西羅馬帝國皇帝退位，從拜占庭帝國皇帝手中接下總督稱號，但日後又被狄奧多里克大帝擊敗。

*5 在位期間約西元473～526年。得到拜占庭皇帝的支持，在義大利建立東哥德王國。

▼日耳曼人的大遷徙

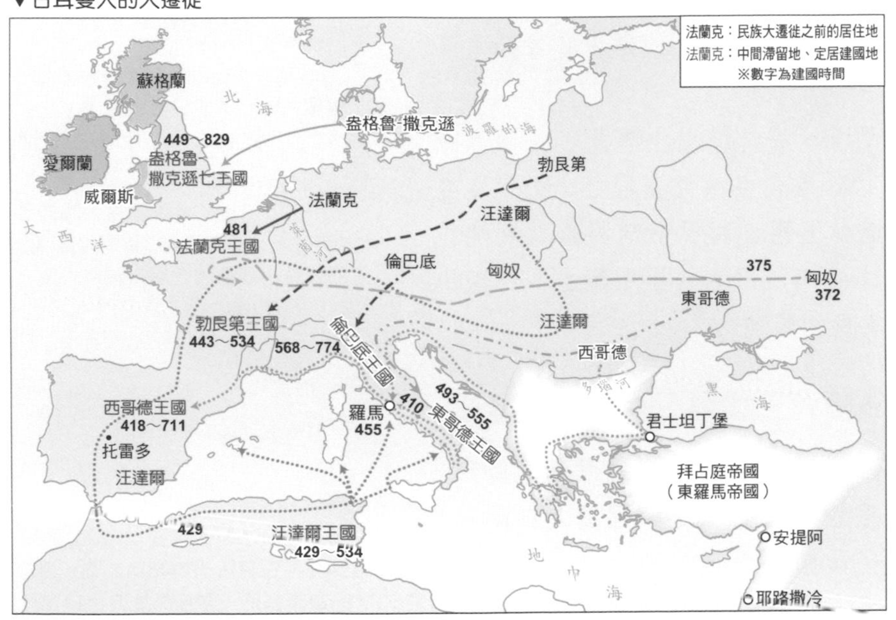

3 法蘭克王國的發展

出身**梅羅文加家族**的**克洛維**，在西元481年統一法蘭克王國，西元496年改信基督教，然而王國實權慢慢地淪為**宮相**[*6]的掌中之物。西元711年，伊斯蘭的伍麥葉王朝消滅西哥德王國後，轉向入侵法蘭克王國，卻在西元732年被加洛林家族出身的宮相**查理・馬特**於**圖爾戰役**擊敗（→p.10）。

*6 在日耳曼人國家負責管理國王領地的最高官職。

為何羅馬教宗和法蘭克王國密不可分？

1 與拜占庭（東羅馬）帝國的對立日益嚴重

約在西元5世紀的羅馬帝國時代，**君士坦丁堡教會**受到拜占庭帝國的保護和支持，漸漸地發展成為實力雄厚的組織。西元476年西羅馬帝國滅亡後，羅馬教會想要推廣基督教而獨立發展，並開始對日耳曼人傳道，同時推廣社會教育。因為羅馬教會是由基督大門徒**彼得**[*7]所建，而羅馬又是他的殉道之地，所以羅馬主教也被視為彼得的繼承人而自稱**教宗**（教皇）。西元726年，拜占庭皇帝李奧三世頒布了**偶像崇拜禁止令**[*8]，長期崇拜聖像的羅馬教會極力反對此令，從此和拜占庭帝國皇帝水火不容。

查理・馬特擊退伊斯蘭，保護西歐一帶，羅馬教宗承認查理之子**丕平**建立的**加洛林王朝**，而丕平則將義大利的拉溫納地區讓給教宗（**丕平獻土**），這也是**教宗國**的開端。

[*7] 約西元？～64年。耶穌十二門徒之首，曾遭羅馬皇帝尼祿迫害，後來在其墓地上建造了聖彼得大教堂。

[*8] 禁止崇拜耶穌和馬利亞聖像，並破壞這些聖像的命令。羅馬教會與君士坦丁堡教會的對立因此加深，這項禁令在西元843年廢除。

[*9] 西元476年滅亡的西羅馬帝國過了大約320年之後又復活。由於羅馬教會與法蘭克王國聯手，西歐因此擁有能夠和拜占庭帝國對抗的政治勢力。

2 法蘭克王國與西歐世界的建立

丕平之子查理曼推翻東邊的倫巴底王國、蒙古系的**阿瓦爾人**和南邊的伊斯蘭勢力後，因為這番偉大的功績，而在西元800年從教宗**李奧三世**手中接下羅馬皇帝[*9]的寶座，此後以日耳曼人和基督教為中心的中世紀西歐世界便揭開序幕。西元1054年，基督教分裂成以教宗為首的**羅馬天主教**，以及以拜占庭皇帝為首的**希臘正教（東正教）**。

查理曼（西元742～814年）

統治西歐一帶的法蘭克國王，在位期間西元768～814年。在其統治的46年之間，進行了高達53次的軍事長征，並任命地方世族擔任各州的伯爵，派遣巡察使監督。除與阿拔斯王朝的哈倫・拉希德（→p.13）交好，也致力於保護基督教和拉丁語文化（→p.33）。

世界史聚光燈

維京人的活躍

©PPS 通信社

自助餐（buffet）是現今常見的一種用餐形式。據說日本初次引進這種用餐方式的餐廳名為「維京」，因此「維京料理」便成為日本人吃到飽自助餐的代名詞。一般提到「維京」這個名字，多半源自對北歐的印象，到底「維京人」是怎樣的民族呢？

1 維京人是怎樣的民族？

日耳曼人的分支諾曼人（諾曼的意思是北方的人）曾長期定居在現今挪威、瑞典與丹麥一帶，他們擅長造船與航海。由於住在峽灣又廣又深的斯堪地那維亞半島，所以又被稱為「峽灣之民」（Viking，音譯為維京）。他們的船既可航行遠洋，又能進入內陸的淺灘，往西可經過冰島與格陵蘭，抵達北美一帶；往南可行至英國、法國、義大利、北非，甚至可以抵達拜占庭帝國。

↑維京人的船

可供40人搭乘，也能逆流而上。長度約為20公尺，使用橡木或松木製作。 學研資料課

2 維京人是海盜？

約從西元800年開始的250年之間，西歐沿岸和河川沿岸的內部常被維京人的武裝船隊侵擾。一般認為，維京人之所以會如此行動，是因為以基督教為後盾的查理曼（→p.26）不斷地對他們施加壓力，而維京人本身人口過剩也是原因之一。但最近的研究指出，貿易也可能是目的之一。在挪威一帶可以發現伊斯蘭各國的金幣和銀幣，可見維京人的交易對象多麼廣泛。

↑維京人的模樣（想像圖） ©PPS 通信社

3 維京人建立的國家

維京人於歐洲各地移動被譽為「第二次民族大遷徙」，在各地建立了不同的國家。西元9世紀，丹麥的維京人與國境相鄰的查理曼法蘭克王國爆發戰爭。

西元 9 ～ 12 世紀諾曼人的遷徙

西元10世紀，在法國塞納河定居的維京人在領袖羅洛的帶領下建立諾曼第公國。

英格蘭雖有盎格魯-撒克遜人的國家，但是在西元11世紀被丹麥人的克努特占領，克努特還兼任英格蘭、丹麥、挪威的國王。

克努特死後，盎格魯-撒克遜皇家復辟了一段時間，在西元1066年被諾曼第公爵威廉征服，威廉也因此建立了諾曼王朝（諾曼征服）。這位威廉就是維京人羅洛的子孫。

西元1130年，諾曼第公國的騎士在義大利半島南部建立了兩西西里王國。此外，俄羅斯的諾夫哥羅德公國與基輔大公國的建立，也與被稱為羅斯人的瑞典諾曼人分支有關；他們甚至前往拜占庭帝國擔任皇家近衛部隊，深受重用。

4 原住地的諾曼人如何發展？

住在原住地的諾曼人從西元8世紀到10世紀之間，建立了丹麥、挪威、瑞典這些國家，西元14世紀末曾組成一個聯盟。這些國家的國旗都以丹麥國旗為藍圖，上面都畫有斯堪地那維亞十字架（北歐十字架）。據說西元1219年丹麥的東方十字軍與愛沙尼亞交戰時，已經揮舞著這面旗子。

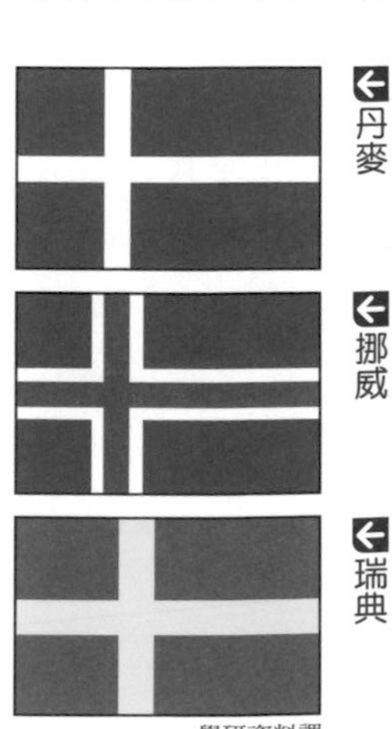

學研資料課

4 封建社會的形成與羅馬天主教的發展

法蘭克王國分裂後，發生了什麼事？

查理曼死後，
法蘭克王國分裂，諾曼人
侵略歐洲各地，分別建立
了不同的國家。

❶ 法蘭克王國一分為三

查理曼死後，法蘭克王國因**凡爾登條約**與**墨爾森條約**分裂成**三個國家***1。其中**東法蘭克王國**因為加洛林家族於西元10世紀初

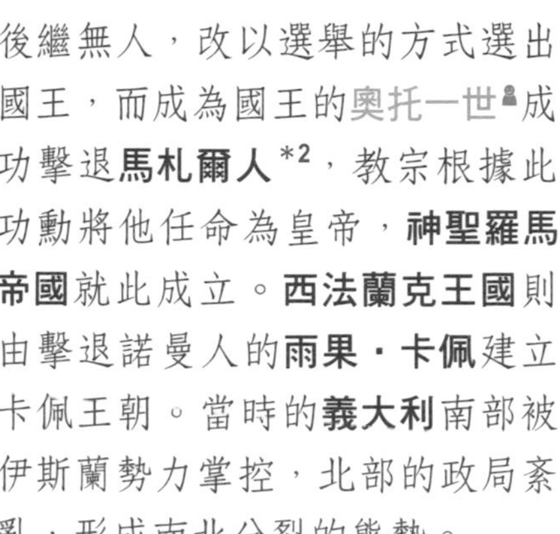

後繼無人，改以選舉的方式選出國王，而成為國王的奧托一世成功擊退**馬札爾人***2，教宗根據此功勳將他任命為皇帝，**神聖羅馬帝國**就此成立。**西法蘭克王國**則由擊退諾曼人的**雨果・卡佩**建立卡佩王朝。當時的**義大利**南部被伊斯蘭勢力掌控，北部的政局紊亂，形成南北分裂的態勢。

▼分裂的法蘭克王國

■凡爾登條約（西元843年）

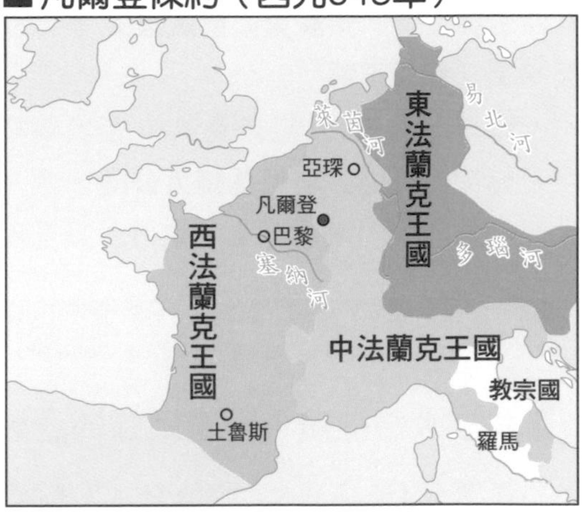

■墨爾森條約（西元870年）

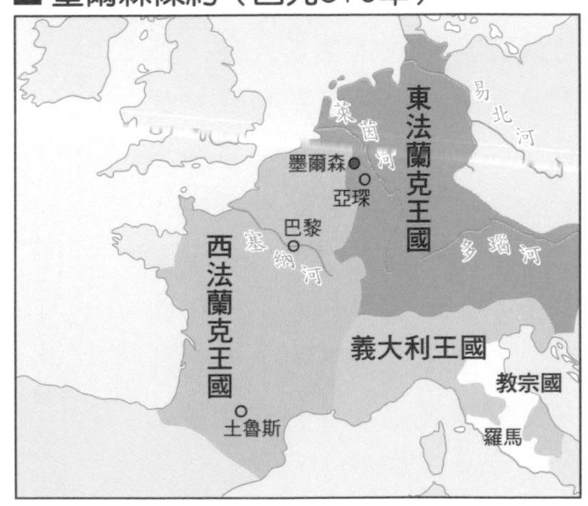

*1 分裂成西法蘭克王國（日後的法國）、義大利王國、東法蘭克王國（日後的德國）三個國家。

*2 原住地在烏拉山脈西南部，屬於烏拉語系（亞洲）的民族。西進後，在西元9世紀末進入潘諾尼亞平原（匈牙利）；被奧托一世擊敗後，定居於匈牙利；在接受基督教後，形成匈牙利王國。

奧托一世
（西元 912 ～ 973 年）
實力派的德意志諸侯，為了強化王權，推行將教會和修道院領地作為國家領土的帝國教會政策，導致日後的授職權鬥爭（→p.33）。擊退馬札爾人並施行義大利介入政策，西元962年成為神聖羅馬帝國（西元962～1806年）的國王。

2 西歐世界從西元 8 到 10 世紀的混亂

從西元8世紀後半開始，住在歐洲北方的諾曼人，又稱**維京人**（→p.27），在各地做出海盜行徑。法蘭克王國久經侵擾，直到西元10世紀初**羅洛**占領了北法一帶，建立**諾曼第公國**。英格蘭的**阿爾弗雷德大帝**雖然奮起作戰，仍於西元11世紀被丹麥人（丹麥地區的諾曼人）國王**克努特**征服，日後雖然擊退丹麥人，但在西元1066年的**哈斯丁戰役**中，**諾曼第公爵威廉**又重新征服英格蘭（**諾曼王朝**[*3]）。

此外，西元9世紀諾曼人也在俄羅斯建立了**諾夫哥羅德公國**與**基輔大公國**，西元12世紀又於義大利南部建立了兩西西里王國。

用語解說

諾曼人

諾曼的意思是「北方的人」或北方的日耳曼人。諾曼人精於造船、航海技術佳；身體高大、藍眼、金髮。他們利用平底船在各地河川逆流而上，將抓到的女性和小孩賣給穆斯林，所以歐洲各地非常懼怕，稱他們為「峽灣之民」（Viking）。西元9～11世紀的侵略也被稱為「第二次民族大遷徙」。

[*3] 西元1066～1154年。英格蘭的王朝，統治區域跨英法兩地，採用了法國的制度和文字。

歐洲的封建社會是如何形成的？

1 民族大遷徙後，西歐社會的混亂

從西元4世紀到6世紀的日耳曼人大遷徙，以及西元9世紀到12世紀的諾曼人入侵，都造成西歐社會的混亂和深刻的影響，例如商業衰退，自給自足的農業因此越來越受重視。此外，頻繁發生的侵略和掠奪使弱者依附強者，產生了所謂的主從關係，透過土地成立的主從關係便促使「**封建社會**」形成。

▼西歐的封建制度

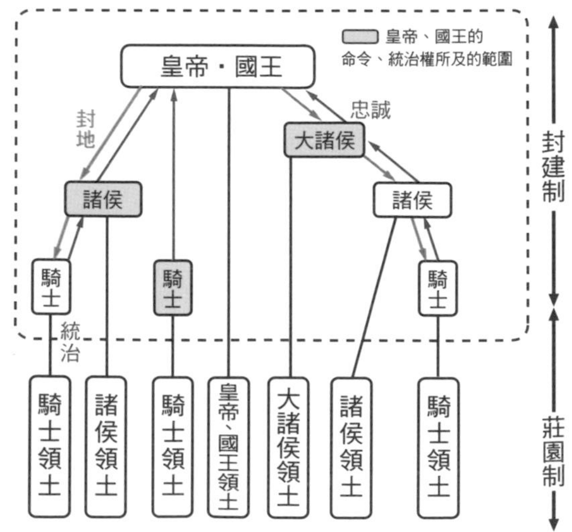

2 封建制度的機制

君主將領土分封給家臣、保護家臣；家臣向君主宣誓效忠，在軍事上效勞。國王、諸侯、騎士彼此連結的關係稱為封建的主從關係。封建的主從關係扎根於羅馬帝國的**采邑制**[*4]和日耳曼的**附庸制**[*5]，屬於互相承擔義務的契約。

[*4] 向有實力者借貸土地，下位者以軍事服務或勤務作為交換的制度。

[*5] 向有實力者宣誓效忠與臣服的制度。

用語解說

封建的主從關係
指的是君主與家臣透過封地連結的契約關係。君主若不遵守契約，家臣可以於短期間內毀棄契約。

3 莊園、領主、農奴的結構

領主的所有地稱為**莊園**[*6]，在莊園工作的農民稱為**農奴**[*7]。農奴的自由受限，且需承擔**徭役**與**納貢**[*8]的義務，繳納各種稅目給領主。強大的莊園領主往往對國王的要求擁有**豁免權**[*9]，對農民則擁有領主裁判權。自給自足的莊園所實施的**以物易物經濟**[*10]是中世紀西歐社會的基礎。

[*6] 指在封建制度下，領主統治的基本單位，就是所謂的莊園。包括領主的直屬地、農民保有地、共同利用地（放牧地、森林）。

[*7] 附屬於領土的農民。擁有家人、房子和農具，但沒有農地的所有權，只擁有極少的權利和自由，是人身非常不自由的身分。

[*8] 徭役指領主對農民強加的勞動，包括農民一週要到領主直屬地耕作三天或在農忙時期承擔共同作業。納貢則指農民必須將保有地的農作物當作地租獻給領主，之後則改用貨幣繳納地租。

[*9] 領主可拒絕國王對莊園課稅或裁決的權力。由於身為領主的貴族、教會、修道院於各地獨立，地方分權制度也逐漸形成。

[*10] 不透過貨幣，直接以物易物的經濟模式。

為什麼教會握有如此至高的權威？

1 教會至高的權威與改革

在絕對主從關係的封建社會裡，王權固然衰弱，但教會的權威卻日益高漲。**羅馬天主教**的**階層組織**（階級制度）確立後，大主教、修道院院長不但具有莊園領主的身分，還有權徵收**十一稅**[*11]以及執行司法裁判。面對追求財富與權力的教會，法國的**克呂尼修道院**提倡「清貧、貞潔、服從」加以批判，而接受批判的教宗**格列哥里七世**[*12]則推動改革。

*11 農民須將約10%的收穫當作稅賦獻給教會。

*12 在位期間西元1073～1085年。格列哥里七世雖然在卡諾莎之辱迫使亨利四世屈服，最後卻被逐離羅馬。

▼教會的階層組織

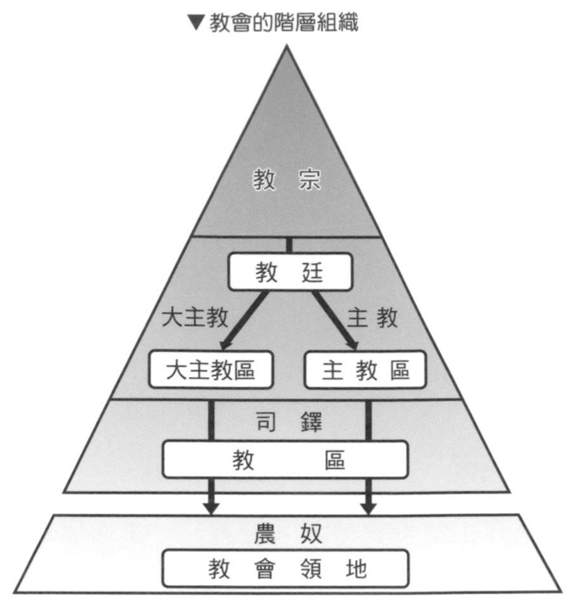

▼克呂尼修道院

©PPS 通信社

西元910年，在法國中央東部的勃艮第的教宗直屬修道院。主張遵守本篤（→p.33）的戒律（清規），也是教會改革運動的中心地。

❷ 授職權鬥爭與教宗權力的頂點

格列哥里七世反對神聖羅馬帝國皇帝擁有聖職者的任命權（聖職授職權），與皇帝亨利四世之間展開**授職權鬥爭**。教宗將亨利四世**開除教籍**[*13]後，神聖羅馬帝國的諸侯們便逼皇帝退位。西元1077年，亨利四世在義大利的卡諾莎城堡請求教宗原諒（**卡諾莎之辱**）。之後，授職權鬥爭隨著**沃姆斯宗教協定**[*14]暫時落幕。進入西元13世紀教宗英諾森三世的時代後，教宗權力達到前所未有的境界。

*13 皇帝被開除教籍代表喪失社會的公信力，等於被剝奪王位。

*14 西元1122年簽訂的協定，內容說明聖職者的授職權為教宗所有，也保留了皇帝的大部分權限。

亨利四世
（在位期間西元 1056 ～ 1106 年）
六歲就從父親亨利三世手中接下神聖羅馬帝國皇位。因授職權鬥爭與教宗格列哥里七世對立，最後將教宗驅逐出羅馬。被其子亨利五世奪位後失意辭世。

英諾森三世
（在位期間西元 1198 ～ 1216 年）
曾干涉神聖羅馬帝國皇帝的選舉，也曾將不服的皇帝開除教籍，因離婚問題將法國國王開除教籍，為了坎特伯里大主教的授職權問題將英格蘭國王開除教籍。據說曾留下「教宗是太陽，皇帝是月亮」的比喻。

中世紀西歐文化有何特色？

❶ 加洛林文藝復興

在**羅馬天主教**擁有權威[*15]的西元6世紀前半，本篤以「清貧、貞潔、服從」和「祈禱、勞動」為戒律，在卡西諾山創立了本篤修道會，**修道院**慢慢地推廣至各地。在修道院創立之前，歐洲都由奴隸負責工作；創立之後，則鼓勵修士們勞動，包括在森林裡開路或拓大耕地面積，使西元12世紀成為**大開墾時代**。

在西元9世紀時，查理曼（→p.26）請來修士**阿爾昆**[*16]設立學校，對聖職者展開拉丁語教育。一般認為，英文的小寫字母就是在這裡發明的，並出現許多從書卷做成小冊子的古

*15 研究基督教的神學是中世紀學問的頂點，教會官方語言的拉丁語是知識界的共通語言。

*16 約西元735～804年。查理曼「文藝復興運動」的核心人物。

本篤（約西元 480 ～ 547 年）
生於義大利的修道者。在東哥德王國時代的羅馬南方山上，開創了歐洲最古老的修道院。立下「清貧、貞潔、服從」的戒律（清規）。

典著作手稿。這段時期的學問發展被後世稱為**加洛林文藝復興***17。

*17 查理曼發起的古典文化復興運動，其中包括拉丁語的教育和教養科目的自由七藝。

② 西元 12 世紀文藝復興與中世紀文學

▼彩繪玻璃　學研資料課

用於教會窗戶的裝飾，透過光線為聖經裡的場景營造神祕感。

許多阿拉伯語和希臘語的古典著作，在西西里島的巴勒摩或西班牙的托雷多被翻譯成拉丁文，這個過程也被稱為**西元12世紀文藝復興**。在神學的**經院哲學**領域裡，**安瑟倫***18的**唯實論***19和**阿貝拉***20、**奧克漢***21的**唯名論***22之間展開了有關何謂一般性概念的**論爭***23，之後受到古希臘亞里斯多德哲學影響的**多瑪斯・阿奎納***24則集兩派之大成。另一方面，英國的**羅傑・培根***25受到伊斯蘭科學影響，提倡重視實驗與觀察的自然科學。以**神學**、**法學**、**醫學**為主軸，教授和學生都有自治權的義大利波隆納大學和法國巴黎大學也在日後誕生。

在**宗教建築**（→p.35）方面，西元11世紀出現了在厚實石牆上設計小窗戶的**仿羅馬式風格**，西元12世紀出現了具有高塔、尖拱、**彩繪玻璃**的**哥德式建築**。文學方面，出現了透過口頭描述中世紀騎士理想樣貌的**騎士文學**，例如法國的《羅蘭之歌》，德國的《尼貝龍根之歌》，英國的《亞瑟王傳說》，這些原本都是吟遊詩人們於各地旅行時歌誦的內容，而這些騎士們的活躍和戀愛的抒情詩最終都被整理成上述文學作品。

*18 西元1033～1109年。義大利出身的坎特伯里大主教，被譽為「經院哲學之父」。
*19 神與一般性概念實際存在的思想。
*20 西元1079～1142年。受到亞里斯多德哲學影響的法國經院哲學學者，著有《是與否》。
*21 約西元1290～1349年。英國經院哲學學者，站在反教宗的立場提倡理性和信仰的分離。
*22 一般性概念並未實際存在，僅有名稱存在的想法。
*23 一般性概念是存在於實體還是只存在於思考之中的論爭。
*24 約西元1225～1274年。中世紀最著名的經院哲學學者，曾任巴黎大學教授。
*25 約西元1214～1294年。英國自然科學家與經院哲學學者。

宗教建築的世界

學研資料課

右上角的照片是全世界最古老的基督教教會，即位於亞美尼亞的埃奇米艾津大教堂，建造於西元4世紀初，目前已被列入世界遺產。在這座教堂裡，可以看到各種中世紀宗教建築風格的特色和變遷。

1 中世紀的宗教建築形式①——拜占庭風格

拜占庭風格指的是在拜占庭（東羅馬）帝國集大成的建築形式。特色是在圓穹周圍設立小圓穹，內部則以馬賽克壁畫和溼壁畫裝飾。拜占庭風格源自希臘羅馬古典文化與東方色彩的融合，具代表性的建築物包括西元6世紀的聖索菲亞大教堂（土耳其伊斯坦堡）（→p.37）和西元11世紀的聖馬可大教堂（義大利威尼斯）。

學研資料課

↑ 聖馬可大教堂（義大利）

2 中世紀的宗教建築形式②——仿羅馬式風格

西元11世紀，外來民族、異教徒的入侵告一段落之後，留下了羅馬建築的遺跡和模仿這些遺跡所建造的石造教會，這種傳至南法與義大利的建築形式，就被稱為仿羅馬式風格。特色是天花板中央部分不斷向上堆積石頭和紅磚來墊高並分散重量，牆壁變厚、柱子變粗，連窗戶都變小。具代表性的建築物為沃姆斯大教堂（德國沃姆斯）、比薩大教堂（義大利比薩）。

學研資料課

↑ 比薩大教堂（義大利）

鐘樓（照片右端）就是知名的「比薩斜塔」。

3 中世紀的宗教建築形式③—哥德式風格

約西元12世紀從北法傳至西歐，特色為高塔、尖拱與大片彩繪玻璃窗戶的宗教建築形式，被稱為哥德式風格。

哥德指的是「（對羅馬人來說是野蠻的）哥德人的」。由於具備從外側支撐建築物的傾斜構造（飛扶壁），所以不需要厚實的牆壁和柱子支撐天花板，牆壁因此變薄，窗戶也變大。從色彩鮮豔的彩繪玻璃射入的光線、肋稜拱頂到向天延伸的尖塔都是特徵。

具代表性的建築物包括科隆大教堂（德國科隆）、米蘭大教堂（義大利米蘭）、巴黎聖母院（法國巴黎）。

↑ 科隆大教堂（德國）

尖塔的高度約有157公尺 ©PPS 通信社

↑ 米蘭大教堂（義大利）

©PPS 通信社

→ 從外側支撐牆壁的飛扶壁（巴黎聖母院）

©PPS 通信社

→ 肋稜拱頂狀的天花板（比利時聖米歇爾大教堂）

©PPS 通信社

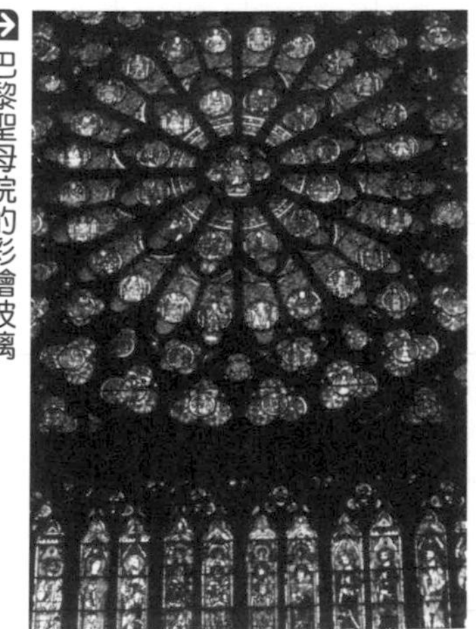

→ 巴黎聖母院的彩繪玻璃

學研資料課

5 拜占庭帝國與東歐世界

拜占庭帝國有多繁榮？

拜占庭帝國受日耳曼人大遷徙的影響不深，在西元6世紀中葉查士丁尼大帝的治理之下，進入了最強盛的時期。

1 君士坦丁堡的繁榮

拜占庭帝國（東羅馬帝國）受到西元4世紀日耳曼人大遷徙的影響並不明顯，**商業**與**貨幣經濟**持續發展之餘，首都君士坦丁堡也成為歐洲最大、最繁榮的貿易都市。拜占庭皇帝自稱「神在地上的代理人」，既是基督教教會的首長，也是帝國之內的最高權力者，後來演變為**希臘正教**（**東正教**）[*1]。

[*1] 以拜占庭皇帝和君士坦丁堡教會為核心的基督教教會。典禮採用希臘語舉行。

2 因查士丁尼大帝而重返榮耀的地中海世界

西元6世紀，查士丁尼大帝消滅了汪達爾王國與東哥德王國等日耳曼國家，也從西哥德王國手中奪回西班牙南部，讓過去的羅馬帝國復甦。此外，他還重建了**聖索菲亞大教堂**，編纂《民法大全》[*2]，引入來自中國的養蠶技術，但國家財政因為連年征戰而惡化，國民也為沉重的稅賦所苦。

用語解說

君士坦丁堡

西元330年，羅馬帝國的君士坦丁大帝將首都遷至希臘殖民都市的拜占庭，並將此地改名為「新羅馬」，之後又稱為「君士坦丁堡」。

聖索菲亞大教堂

©PPS通信社

在鄂圖曼帝國建造了宣禮塔（光塔）後成為清真寺，現今是稱為「伊斯坦堡歷史地區」的世界遺產。

*2 由查士丁尼大帝集大成的羅馬法典，主要由大帝發布的《法典》、《學說彙編》、《法學階梯》、《新律》四部分所組成，也被稱為《查士丁尼法典》。

查士丁尼大帝（西元 483 ～ 565 年）
在位期間西元527～565年，是一位企圖讓環伺地中海的羅馬帝國復活的拜占庭皇帝。貧困的農民出身，之後被軍人出身並成為皇帝的舅舅收為養子。

▼查士丁尼大帝時代的拜占庭帝國

❸ 統治圈的縮小與滅亡

查士丁尼大帝死後，拜占庭帝國的領土接二連三被奪走。義大利被倫巴底王國和法蘭克王國征服；敘利亞、埃及一帶則被薩珊波斯帝國和伊斯蘭勢力占據；突厥裔的**保加人**也建立了保加利亞第一帝國。西元13世紀初，十字軍攻陷首都，建立了**拉丁帝國**，最後在西元1453年被鄂圖曼帝國所滅。

❹ 拜占庭帝國的土地制度與文化

拜占庭帝國從西元7世紀之後就採用**軍區制***3，所以擁有土地的農民也逐漸增加。日後皇帝允許貴族有權經營國有地並進行徵稅（此為采邑制），轉而對貴族課以軍役，在貴族廣闊的土地上工作的農奴因而增加。此外，西元

7世紀之後，希臘語成為共通語言，由希臘古典文化與希臘正教揉和而成的獨創文化越來越發達，其中最具代表性的就是以圓頂與**馬賽克壁畫***4為特色的拜占庭風格的宗教建築和**聖像畫***5。神學的研究也十分熱絡。

*3 安那托利亞（小亞細亞）分割成四個軍區，賜予軍事權和行政權的制度。軍區原本實行的是將土地賜給農民，藉此要求農民服兵役的屯田制，後來這項制度因為內亂和飢荒而瓦解。

*4 以玻璃、石頭、貝殼裝飾教會牆壁和天花板的繪畫。

*5 以木板畫與馬賽克畫繪製而成，其中包括耶穌或聖母馬利亞等的畫像。

▼聖像畫

西元12世紀送至俄羅斯的「弗拉基米爾聖母像」，是足以代表拜占庭美術的聖像畫。

5 斯拉夫人*6的歷史與東歐各國

西元9世紀，諾曼人建立了諾夫哥羅德公國與**基輔大公國**，這兩個國家就是現代俄羅斯的雛型，不過這一帶從西元6世紀後，就是北方民族斯拉夫人移居之地，所以也深受斯拉夫人的影響。

基輔的**弗拉基米爾一世***7成為希臘正教的改宗者。而被蒙古勢力的欽察汗國*8統治後，**莫斯科公國***9的伊凡三世統一了俄羅斯，自稱**沙皇**（皇帝），與拜占庭皇帝的姪女結婚，加深與帝國之間的關係，並強化農奴制（→p.31）。建立中央集權制度的則是**伊凡四世***10。

斯拉夫民族的立陶宛大公**雅蓋洛**與波蘭王國一同建立了波蘭立陶宛王國，南斯拉夫人之中勢力最大的**塞爾維亞人**、克羅埃西亞人、**捷克人**、**保加人**也分別建立了國家。

*6 西元6世紀之後，從波蘭周邊遷徙至東歐的民族，屬於斯拉夫語系。

*7 在位期間約西元980～1015年。娶拜占庭皇帝的妹妹為妃，促進俄羅斯吸收拜占庭文化。

*8 西元1243～1502年。拔都（成吉思汗長子朮赤的次子）在南俄羅斯建立的國家。持續推動伊斯蘭化與突厥化。

*9 西元14世紀以莫斯科為中心的國家。

*10 在位期間西元1533～1584年。俄羅斯帝國的實質創立人。施行專制政治之際，不斷擴張領土和強化農奴制，也被稱為「雷帝」。

伊凡三世
（西元1440～1505年）

在位期間西元1462～1505年。吞併周邊的公國，拒絕欽察汗國納貢的要求，西元1480年脫離蒙古統治的莫斯科大公。他娶拜占庭帝國最後一位皇帝的姪女為妃，成為羅馬帝國正統繼承人，使用雙頭鷹的徽章與皇帝稱號。

世界史聚光燈

延續千年以上的都城——君士坦丁堡

©PPS 通信社

發展為土耳其共和國最大都市的伊斯坦堡過去被稱為君士坦丁堡，擁有足以向全世界誇耀的千年歷史。接下來，讓我們一起了解這座首都的歷史。

1 作為拜占庭帝國的首都而繁榮

君士坦丁堡是古羅馬帝國君士坦丁大帝於西元330年所建的首都，意味著「君士坦丁的城市」。成為拜占庭帝國（東羅馬帝國）的首都後，人口超過三十萬人，是當時基督教世界最大、最繁榮的都市，因此被稱為「第二羅馬」。西元9世紀後，開始建造宮殿與教堂，拜占庭文化也隨之發展。伊斯蘭帝國、俄羅斯或其他國家的商人都在此地行商，是當時經濟與文化的據點。

©PPS 通信社
↑ 君士坦丁堡主教座堂

2 成為鄂圖曼帝國的首都

拜占庭帝國逐漸衰退後，在西元1453年遭到鄂圖曼帝國的攻擊，君士坦丁堡被攻陷，拜占庭帝國就此滅亡。鄂圖曼帝國將君士坦丁堡改名為「伊斯坦堡」，也將此地立為首都，一方面尊重拜占庭帝國時代的文化，一方面讓街道加速伊斯蘭化，最終成為伊斯蘭文化的核心地區。

↑ 鄂圖曼帝國攻擊君士坦丁堡的情景
©PPS 通信社

國家圖書館出版品預行編目(CIP)資料

NEW全彩漫畫世界歷史．第4卷：伊斯蘭世界與歐洲世界的建立 / 南房秀久原作；近藤二郎監修；鳴海涼漫畫；許郁文翻譯.-- 初版. -- 新北市：小熊，2017.04
192面；15.5×22.8公分.
ISBN 978-986-94518-1-9 (精裝)
1.世界史 2.文明史 3.漫畫
711 106002911

伊斯蘭世界與歐洲世界的建立

監修／近藤二郎 漫畫／鳴海 涼 原作／南房秀久 翻譯／許郁文 審訂／翁嘉聲

總編輯：鄭如瑤｜文字編輯：蔡凌雯｜顧問：余遠炫（歷史專欄作家）
美術編輯：莊芯媚｜印務經理：黃禮賢

社長：郭重興｜發行人兼出版總監：曾大福
業務平臺總經理：李雪麗｜業務平臺副總經理：李復民｜實體通路協理：林詩富
網路暨海外通路協理：張鑫峰｜特販通路協理：陳綺瑩
出版與發行：小熊出版．遠足文化事業股份有限公司
地址：231 新北市新店區民權路 108-2 號 9 樓
電話：02-22181417 ｜傳真：02-86671851 ｜客服專線：0800-221029
劃撥帳號：19504465 ｜戶名：遠足文化事業股份有限公司
E-mail：littlebear@bookrep.com.tw ｜ Facebook：小熊出版
讀書共和國出版集團客服信箱：service@bookrep.com.tw
讀書共和國出版集團網路書店：http://www.bookrep.com.tw
團體訂購請洽業務部：02-22181417 分機 1132、1520

法律顧問：華洋法律事務所／蘇文生律師
印製：凱林彩印股份有限公司
初版一刷：2017 年 4 月｜初版十九刷：2022 年 7 月
定價：450 元｜ ISBN：978-986-94518-1-9

世界歷史 對照年表 2

●這是一個能讓讀者大致掌握世界歷史脈動及演變的年表。為了能淺顯易懂，在國家與時期部分做了省略整理，並非全部羅列。

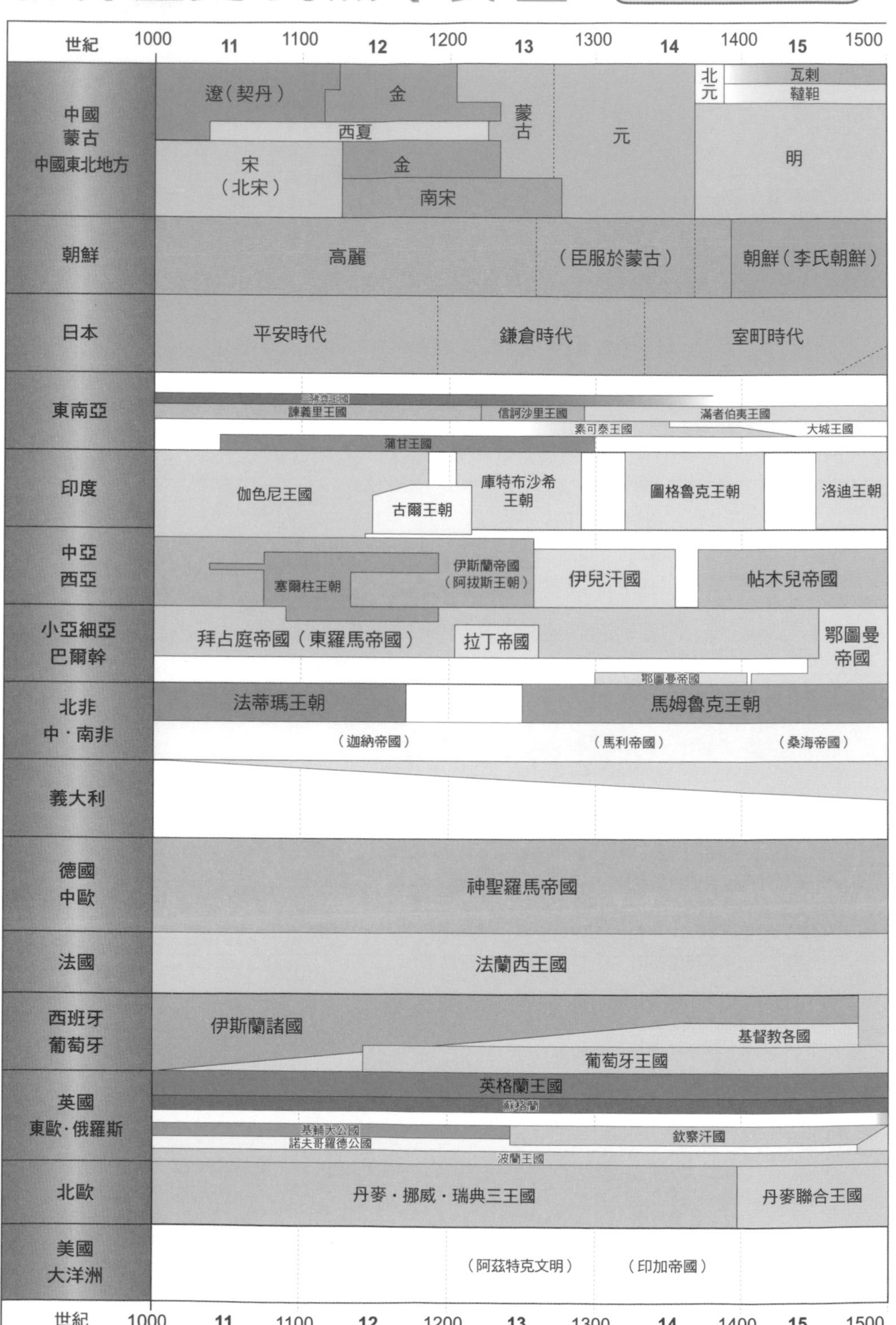